Manuela Kienegger

Nützlinge im naturnahen Garten

Inhalt

Vorwort

Durch das gekonnte und bewusste Gestalten ihres Gartens können Gartenbesitzer all jene Bedürfnisse abdecken, die ein für sie gelungener Garten erfüllen soll: Gemüse und Obst zum Genießen, farbenprächtige Blumenbeete für das Auge und die Vase, Raum zum Spielen für die Kinder, Hecken als Sichtschutz vor den Nachbarn oder naturnahe, abgeschiedene Bereiche als Oasen der Ruhe, in denen man sich vom Alltagstrubel zurückziehen und die Seele baumeln lassen kann. Wofür auch immer man sich entscheidet, sei es die intensiv gepflegte und dadurch oft auch monotone, vom Rasen dominierte Grünanlage oder der vielfältig strukturierte und naturnahe Garten: Jeder Eingriff in den Kreislauf der Natur hat Auswirkungen auch auf all jene Tiere, die sich dort vorübergehend oder dauerhaft ansiedeln oder nur unbemerkt vorbeiziehen.

Indem der Gärtner bestimmte Pflanzen in bestimmten Bereichen seines Gartens zulässt und fördert oder sie rigoros bekämpft, entscheidet er indirekt auch darüber, welche Tiere sich im Garten einfinden, weil sie dort einen Lebensraum finden, der ihre Bedürfnisse erfüllt. Monoton gestaltete Gärten bieten nur wenigen Tieren optimale Lebensbedingungen. Da ihre natürlichen Feinde dort oft fehlen, können sie sich massenhaft vermehren und über die Kulturpflanzen herfallen. Glücklicherweise liefert die Natur aber zu jedem „Schädling" auch natürliche Gegenspieler, die sogenannten „Nützlinge". Kennt man deren Ansprüche und Lebensweise, kann man sie sich leicht zu Verbündeten machen. Die einfachste Möglichkeit nützliche Organismen zu fördern, ist ein naturnaher und möglichst vielfältig gestalteter Garten.

In diesem Sinne soll dieses Buch einen Einblick in das komplexe Zusammenspiel von Nützlingen und Schädlingen geben, die Wirkungsweise von Nützlingen erklären und einfache Möglichkeit zu deren Förderung in naturnahen Gärten aufzeigen.

Manuela Kienegger
Wien, Jänner 2007

Verbündete suchen

Jeder Garten ist Heimat für zahlreiche Tierarten. Wir lieben den Gesang der Vögel und erfreuen uns an bunten Schmetterlingen, die von Blüte zu Blüte tanzen. Aber wir beklagen uns, wenn sie sich in Scharen gefräßig über Gemüse, Blumen oder Sträucher hermachen. Verächtlich bezeichnen wir sie dann als Schädlinge und versuchen, sie aus unseren Gärten zu vertreiben.

Doch es besteht kein Grund zur Verzweiflung. In der Natur gibt es in diesem Sinne keine schädlichen oder nützlichen Tiere. Sie stellt uns vielmehr in Form von Nützlingen wirkungsvolle Verbündete zur Seite, wenn es darum geht, einen Schädling in seine Grenzen zu verweisen.

Willkommene Gäste im Garten

Der Kreislauf des Lebens

Jeder Garten bietet Lebensraum für unzählige Lebewesen, die unterschiedlichste Ansprüche an ihre Umwelt stellen. Wichtige Umweltfaktoren sind dabei vor allem die vorhandenen Pflanzen, der Boden, das Klima und das Licht.

Alle zusammen bilden sie eine eng miteinander verwobene Lebensgemeinschaft, in der sich sämtliche beteiligten Pflanzen, Tiere und Mikroorganismen gegenseitig beeinflussen und oft auch erst wechselseitig bedingen. Pflanzen dienen Pflanzenfressern als Nahrung, diese bilden wiederum die Nahrungsgrundlage für Fleischfresser. Heerscharen von Mikroben und Kleinstlebewesen ernähren sich von abgestorbenen Tieren und Pflanzen und zerlegen diese über viele Zwischenstufen in ihre Grundelemente, sprich in für Pflanzen verfügbare Nährstoffe. So wird der Kreislauf des Lebens geschlossen.

Fressen und gefressen werden

Biologen bezeichnen die Gesamtheit aller Lebewesen in einem Lebensraum als Biozönose und die Wechselbeziehung dieser Lebewesen mit ihrer unbelebten Umwelt als Ökosystem. In einem intakten Ökosystem wird durch das unablässige Wechselspiel zwischen fressen und gefressen werden verhindert, dass sich einzelne Tier- und Pflanzenarten übermäßig vermehren. Mit der Zeit stellt sich ein stabiles dynamisches Gleichgewicht ein.

Monokulturen

Jede Art spielt dabei eine wichtige Rolle für die Aufrecherhaltung des Gleichgewichts. Verschwinden manche Arten, kann das ganze System ins Schwanken geraten. Artenarme Ökosysteme, wie z. B. Monokulturen oder intensiv gepflegte Gärten, in denen nur wenige Pflan-

Eine Krabbenspinne erbeutet eine Schwebfliege.

zenarten gedeihen dürfen, bieten keinen Lebensraum für artenreiche Biozönosen. In einem solchen Lebensraum finden nur wenige Tierarten, meist Pflanzenfresser, für sie günstige Bedingungen vor, meist handelt es sich dabei um Pflanzenfresser. Da natürliche Gegenspieler so gut wie nicht vorhanden sind, geht dem Ökosystem auch seine natürliche Selbstregulierungskraft verloren. Die Folge ist oft eine Massenvermehrung einzelner Tierarten, die so zu Schädlingen werden und ganze Bestände von Kulturpflanzen vernichten können. Auch Krankheiten können sich in solchen artenarmen Lebensgemeinschaften ungehindert ausbreiten.

Schädlich oder nützlich?

Die Einteilung in Schädlinge und Nützlinge ist eine künstliche. Sie entspringt der subjektiven Sicht des Menschen. Die Natur kennt keine schädlichen oder nützlichen Lebewesen. Jede Tier- und Pflanzenart hat hier eine bestimmte Funktion zu erfüllen und ist Teil eines hochkomplexen Systems und der Nahrungskette.

Schädlinge

Bestimmte Lebewesen werden als schädlich bezeichnet, wenn sie mit dem Menschen in Nahrungskonkurrenz treten oder ihn gesundheitlich schädigen. So gelten weltweit allein 10.000 Insektenarten als Schädlinge, weil sie an Kulturpflanzen fressen oder ganze Vorratslager vernichten können.

Nützlinge

Als nützlich werden diejenigen Lebewesen eingestuft, die durch ihre Aktivitäten dem Menschen Nutzen bringen. Sie sind die natürlichen Gegenspieler der Schädlinge. Meist handelt es sich um räuberisch lebende Tiere oder Parasitoide. Zwei Beispiele sind die beliebten Marienkäfer, die große Mengen an Blattläusen vertilgen, oder die Schlupfwespen, die ihre Eier in Wirtstiere ablegen, die dann von den in ihnen heranwachsenden Larven abgetötet werden.

In diesem Buch werden in erster Linie jene Nützlinge behandelt, die tierischen Schädlingen nachstellen und dadurch zum biologischen Selbstregulierungssystem im Garten beitragen.

Daneben gibt es aber auch Pflanzenfresser, die sich als äußerst nützlich erweisen können, besonders, wenn sie Kräuter oder deren Samen fressen, die der Mensch als „Unkraut" betrachtet. Einer von ihnen ist der Ampferblattkäfer, der sich mit großem Appetit über den hartnäckig wachsenden Stumpfblättrigen Ampfer hermacht.

Ebenfalls nützlich sind darüber hinaus all diejenigen Tiere, die so wichtige Funktionen wahrnehmen wie z. B. Blütenbestäubung oder den Abbau organischer Substanz im Boden.

Fleissige Bienen

Knapp 80 % aller einheimischen Pflanzenarten werden von Insekten bestäubt. Nahezu die Hälfte von ihnen gehört zur großen Gruppe der

Honigbienen bestäuben beim Pollensammeln viele Blüten.

Mikrokosmos Boden

Besonders vielfältig und reichhaltig ist die Welt der Bodenlebewesen, auch wenn man sie kaum zu Gesicht bekommt. Mikroorganismen, Milben, Spinnen und Asseln (siehe Abbildung) spielen eine wichtige Rolle bei der Zerkleinerung und Zersetzung von abgestorbenen Pflanzenresten und Tieren. Regenwürmer sorgen für eine gute Durchmischung, Lockerung und Durchlüftung des Bodens und sind daher unverzichtbare Helfer im Garten.

Hautflügler, wie Hummeln sowie Honig- und Wildbienen. Aber auch Schwebfliegen, Mücken, manche Käfer und Schmetterlinge leisten einen wichtigen Beitrag beim Übertragen des Pollens von einer Blüte auf die andere. Ohne diese zahllosen fleißigen Helfer gäbe es keine Früchte und Samen. Auch die vielfältigen Blütenformen, -farben und -düfte verdanken wir diesem einzigartigen Zusammenspiel von Pflanzen und Bestäubern. Denn letztendlich handelt es sich dabei um raffinierte Tricks, die Pflanzen im Laufe von vielen Millionen Jahren entwickelt haben, um Tiere anzulocken und in den Dienst ihrer Fortpflanzung zu stellen.

Spinnen, wie die Kugelspinne, unterscheiden beim Beutefang nicht zwischen schädlichen und nützlichen Tieren.

Neutrale Tiere

Natürlich gibt es auch viele Tiere im Garten, die weder Schaden anrichten noch Schädlinge in großen Mengen verzehren oder sich sonstwie auffällig verhalten. Diese bezeichnet man als neutrale oder indifferente Arten. Auf ihrem Speisezettel können sowohl schädliche als auch nützliche Tiere stehen. So kümmert es Spinnen wohl kaum, ob es sich bei der im Netz zappelnden Beute um schädliche Kohlfliegen oder nützliche Schwebfliegen handelt.

Indifferente Lebewesen spielen im Ökosystem aber eine wichtige Rolle, da sie Nützlingen gelegentlich als Ersatznahrung dienen, und zwar dann, wenn die bevorzugten Beutetiere zeitig im Jahr noch nicht vorhanden sind oder im Laufe des Sommers knapp werden. Daneben

Der Kartoffelkäfer

Der Kartoffelkäfer ist ein interessantes Beispiel dafür, wie aus einer ehemals neutralen Art ein Schädling wurde. Das ursprüngliche Verbreitungsgebiet des Kartoffelkäfers liegt in Colorado (USA), weshalb er auch Coloradokäfer genannt wird. Noch zu Beginn des 19. Jahrhunderts galt er als relativ seltener Käfer, der sich seine Nahrungspflanzen, Nachtschattengewächse, mühsam suchen musste. Mit der Ausdehnung des Anbaugebietes der Kartoffel, ebenfalls ein Nachtschattengewächs, fand er eine Wirtspflanze, die ihm eine Massenvermehrung und gleichzeitig die rasante Ausbreitung bis an die Ostküste der USA ermöglichte. Trotz aller Vorsichtsmaßnahmen wurde er bald über Schiffstransporte nach Frankreich eingeschleppt. Von hier trat er – trotz aufwändiger Überwachungs- und Bekämpfungsmaßnahmen – seinen Siegeszug quer durch Europa an. Heute ist der Kartoffelkäfer in ganz Europa verbreitet.

können sie als Nahrungskonkurrenten eine Massenvermehrung von Schädlingen erschweren. Neutrale Tiere sind daher unverzichtbare Lebewesen im Ökosystem, da sie dessen Stabilität erhöhen. Zu ihnen gehören unter anderem auch viele Schmetterlinge und bunt schillernde Käfer, die unser Auge erfreuen.

Das Umfeld

Die Einteilung der Lebewesen in nützliche, schädliche oder indifferente Arten ist nicht absolut und unveränderlich, sondern hängt immer vom jeweiligen Umfeld und den Umständen ab. Das heißt, dass ein und die gleiche Art an verschiedenen Orten der Welt durchaus einen anderen Status einnehmen kann. Letztendlich ist die Zahl der Individuen einer Art in einem Lebensraum dafür verantwortlich, wie schädlich sich diese auswirkt.

Der Schädlichkeitsstatus einer Art kann sich am selben Ort im Laufe der Jahre ändern. Einst unauffällige Tiere können sich durch eine Veränderung der Lebensbedingungen zu ihren Gunsten zu einem Schädling entwickeln. Viele der heutigen Schädlinge in der Landwirtschaft, im Garten-, Obst- und Weinbau stellten vor einigen Jahrzehnten noch kein Problem dar, wie z. B. Spinnmilben auf Obstbäumen. Andererseits haben Tierarten wie der Feldmaikäfer oder die Wanderheuschrecke, die in vergangenen Jahrhunderten eine ernste Bedrohung darstellten, bei uns an Bedeutung verloren.

Das natürliche Gleichgewicht

Massenhaftes Auftreten einzelner Tierarten im Garten ist ein deutliches Zeichen dafür, dass das natürliche Wechselspiel zwischen schädlichen Pflanzenfressern und ihren natürlichen Gegenspielern aus dem Gleichgewicht geraten ist. Versteht man, wann und warum es zu solchen Störungen kommt, kann man den Ursachen relativ leicht durch einfache, vorbeugende Maßnahmen entgegenwirken und gleichzeitig die natürlichen Selbstregulierungsprozesse im Garten unterstützen und fördern.

Zusammenhänge begreifen

Was macht Schädlinge zu Schädlingen?

Ist die natürliche Balance zwischen Pflanzen, Pflanzenfressern und Fleischfressern einmal aus den Fugen geraten, kann es zu einer Massenvermehrung einzelner schädlicher Arten kommen. In so einem Fall sind meist nicht genügend natürliche Gegenspieler im Garten, die den Schädlingen rechtzeitig Einhalt gebieten hätten können. Bevor man sich jedoch überlegt, welche Nützlinge und vor allem, wie man sie im Garten fördern kann, sollte man sich die Frage stellen, warum manche Tierarten an bestimmten Pflanzen überhaupt zum Schädling werden.

Geschwächte Pflanzen

Die allermeisten Schädlinge sind sogenannte Schwächeparasiten, die immer dann in Massen auftreten, wenn es der befallenen Pflanze schlecht geht. Grund hierfür sind meist ungünstige Lebensbedingungen. Die Folge ist, dass die natürlichen Abwehrmechanismen der Pflanzen nicht mehr funktionieren. Sie können dem Angriff der Pflanzenfresser und Blattsauger keinen ausreichenden Widerstand bieten. Die Schädlinge ziehen ihren Vorteil daraus und vermehren sich uneingeschränkt – vor allem, wenn natürliche Gegenspieler fehlen. In einem intakten Lebensraum stellen diese sogenannten Schädlinge jedoch ein natürliches Regulativ dar, indem sie kranke, schwächelnde, schlecht angepasste oder alternde Pflanzen beseitigen.

Die Ursachen

Jede Pflanzenart stellt bestimmte Ansprüche an ihren Standort, die alle optimal erfüllt sein müssen, damit sie gesund und kräftig heranwachsen kann. Werden die gegebenen Standortbedingungen den Ansprüchen der Pflanze nicht gerecht, hat dies deren Schwächung zur Folge. Ein Befall mit Schädlingen oder Krankheitserregern ist vorprogrammiert. Die Ursache für kränkliche oder schwache Pflanzen ist daher fast immer in Anbaufehlern oder ungünstigen Wachstumsbedingungen zu suchen.

Natürliche Abwehrstoffe

Züchter haben weltweit große Anstrengungen unternommen, um Erträge, den Geschmack und andere Eigenschaften von Kulturpflanzen zu verbessern und zu optimieren. Dabei gingen aber auch viele, scheinbar unnötige, sekundäre Pflanzenstoffe wie Bitterstoffe oder Gerbstoffe verloren. Diese Substanzen erfüllen aber wichtige Funktionen. Sie dienen unter anderem als Schutz- und Abwehrstoffe gegen Fressfeinde und Krankheitserreger.

Folgenreiche Verluste

Gehen bestimmte Pflanzeninhaltsstoffe im Zuge der Züchtung verloren, können Pflanzen anfälliger gegen Schadorganismen werden. Daneben produzieren hochgezüchtete Sorten oft weniger Pollen und Nektar – natürliche Futterquellen vieler Nützlinge. Die Folge ist, dass z. B. weniger Nutzinsekten angelockt werden. Zierpflanzen sind daher oft von geringerem Wert als Nahrungsquelle für Nützlinge als die Wildpflanzen, von denen sie abstammen.

Fehlende Vielfalt und ihre Folgen

Monokulturen mit ihrer hohen Pflanzendichte, wie sie in der Landwirtschaft und im Erwerbsgartenbau üblich sind, wirken sich ungünstig auf die Pflanzengesundheit aus und fördern generell die Anfälligkeit für Krankheiten und Schädlinge. Aufgrund ihrer strukturellen Eintönigkeit fehlen Lebensräume für natürliche Gegenspieler. Werden zusätzlich die Standortansprüche der Pflanzen ignoriert, ist jedes Kraut, jeder Strauch und jeder Baum seinen Fraßfeinden weitgehend hilflos ausgeliefert – ein Massenbefall ist die unausweichliche Folge.

Monokulturen wie Kohlrabifelder sind anfällig für Schädlingsbefall durch z. B. die Mehlige Kohlblattlaus.

Die Voraussetzungen für gesundes Pflanzenwachstum

- **Klimatische Bedingungen:** Gute und richtige Wasserversorgung, Wärme sowie ausreichend Licht sind Grundvoraussetzungen für kräftige Pflanzen. Wachsen Gurken beispielsweise im Schatten, werden sie regelmäßig stark von Blattläusen befallen.
- **Ernährung:** Um gut gedeihen können, benötigen Pflanzen Nährstoffe wie z. B. Stickstoff, Phosphor und Kalium in einer ausgewogenen Zusammensetzung. Über- oder Unterernährung schwächt die Pflanzen und fördert somit den Schädlingsbefall. Besonders übermäßige Stickstoffdüngung hat weiche, anfällige Pflanzen zur Folge, die Schädlingen und Krankheiten kaum Widerstand entgegensetzen können.
- **Sortenwahl:** Von den meisten Kulturpflanzen sind verschiedene Sorten mit unterschiedlichen Standortansprüchen erhältlich. Nur eine Pflanze, die ideale Bedingungen vorfindet, wird sich gut entwickeln. Man kauft daher die Pflanze passend zum Standort und pflanzt nicht irgendwo in den Garten.
  Verschiedene Sorten unterscheiden sich auch deutlich bezüglich ihrer Anfälligkeit gegenüber Schädlingen und Krankheitserregern. Durch die Wahl z. B. mehltau- oder virusresistenter Sorten kann man schon im Vorfeld viel Ärger vermeiden – die ideale Form der Vorbeugung.

Chemische Gifte

Über viele Jahrzehnte war man überzeugt, Schädlinge mit chemischen Pflanzenschutzmitteln unter Kontrolle bekommen zu können. Mittlerweile sind aber die schädlichen Folgen vieler Präparate für Mensch und Umwelt bekannt. Bei falscher Anwendung können Rückstände der giftigen Wirkstoffe auf Obst und Gemüse zurückbleiben, und sich nachteilig auf die Gesundheit des Menschen auswirken.

Ein weiterer negativer Effekt ist, dass der Einsatz von Pestiziden Nützlingen sowohl direkt als auch indirekt schadet. Entweder werden sie durch die Präparate getötet oder ihre Beutetiere fallen den Spritzmitteln zum Opfer. Das ohnehin schon beeinträchtigte biologische Gleichgewicht wird in der Folge noch mehr gestört. Werden Nützlinge eliminiert, können sich Schädlinge, die nach einer Spritzmittelbehandlung neu in die Kulturen einwandern, uneingeschränkt vermehren. Das erfordert einen erneuten Einsatz von Pestiziden und der Teufelskreis schließt sich.

Natürliche Wirkstoffe

Leider gilt das oben Gesagte auch für biologische Präparate wie den Wirkstoff Pyrethrum, der auch in der Natur vorkommt. Obwohl es unter bestimmten Voraussetzungen auch im biologischen Anbau erlaubt ist, ist Pyrethrum in keiner Weise weniger schädlich für Nützlinge als chemische Wirkstoffe. Auch hier entsteht ein indirekter Schaden, da zahlreiche Insekten getötet werden, die beispielsweise Igeln oder Vögeln als Nahrungsgrundlage dienen.

Resistenzen

Und noch etwas! Die häufige Verwendung bestimmter chemischer Pflanzenschutzmittel führt dazu, dass Schädlinge Resistenzen ausbilden. Viele Pflanzenschutzmittel verlieren daher mit der Zeit ihre Wirkung. Vertraut man allein auf solche Spritzmittel, würde man sich den Schädlingen früher oder später völlig ausliefern. Auf Dauer ist es daher viel sinnvoller, ganz auf Spritzmittel zu verzichten – auch im Sinne einer naturnahen Bewirtschaftung.

Massenvermehrung

Wenn einzelne Schädlingsarten optimale Vermehrungsbedingungen vorfinden und kein natürlicher Gegenspieler ihnen Einhalt gebietet, kann es durchaus vorkommen, dass die Schädlinge nicht nur einzelne Pflanzen sondern ganze Beete oder sogar noch größere Flächen kahlfressen. Der auf Schmetterlingsblütler spezialisierte Gestreifte Blattrandkäfer (*Sitona* sp., oben im Bild) kann beispielsweise unter günstigen Bedingungen ganze Felder kahl fressen.

Hilfe zur Selbsthilfe

Sollen Pflanzen vor unerwünschten Pflanzenfressern nachhaltig geschützt werden, sind vorbeugende Maßnahmen stets der direkten Bekämpfung der Schädlinge vorzuziehen. Ziel des vorbeugenden Pflanzenschutzes ist es daher, die natürliche Selbstregulierungskraft im Garten zu stärken.

Selbstregulation in der Natur

Ökosysteme streben an, nach Störungen wie beispielsweise Unwetter, Dürre, Hagel, aber auch Eingriffen in die Bodenstruktur, wieder einen Gleichgewichtszustand zwischen allen im System vorkommenden Lebewesen herzustellen. Dabei entscheiden Grad und Stärke der Störung darüber, ob dieser Gleichgewichtszustand aus eigenen Kräften hergestellt werden kann. Ist im Garten eine stabile Balance zwischen allen Lebewesen gegeben, braucht es kaum Eingriffe durch den Menschen, damit sich Kräuter, Sträucher und alle anderen Pflanzen gesund entwickeln können.

Gesunde Pflanzen

Ziel ist immer, gesunde, kräftige Pflanzen heranzuziehen, die aus eigener Kraft Krankheiten und Schädlingen Widerstand leisten können. Dazu müssen Fehler im Anbau und bei der Pflege so weit wie möglich vermieden werden. Beachtet man die Gesetzmäßigkeiten im Zusammenhang mit den Ursachen für massenhaften Schädlingsbefall und wählt geeignete Anbau- und Kulturmethoden aus, ist das schon ein entscheidender Beitrag zur Förderung der Pflanzengesundheit. Dies ist vor allem für naturnahe Gemüse- und Obstgärten von Bedeutung.

Vorbeugender Pflanzenschutz bedeutet:

- Gesunderhaltung der Pflanzen für eine erhöhte Widerstandskraft gegen Schädlinge und Krankheiten
- Schutz und Förderung von Nützlingen als natürliche Regulatoren

Vielfältiger Gemüsegarten – ein gelungenes Beispiel für eine Mischkultur.

Gesunde Pflanzen durch optimale Voraussetzungen

- **Richtige Standortwahl:** Die Ansprüche der Pflanzenarten sollten möglichst erfüllt werden. Optimale Lichtverhältnisse, ob sonnig oder schattig, müssen gegeben sein. Auch der Kalkgehalt des Bodens (pH-Wert) spielt eine Rolle.
- **Pflanzen-/Sortenwahl:** Verwendete Sorten sollten an Boden und Klima angepasst und resistent gegen bestimmte Schädlinge und Krankheitserreger sein. Schon beim Kauf auf gesunde Pflanzen und Schädlingsbefall achten!
- **Anbau:** Empfohlene Saat- und Pflanzabstände sollten immer eingehalten werden. Zu enge Pflanzreihen fördern den Befall mit Schädlingen.
- **Fruchtfolgen:** Häufiger Anbau von z. B. Gemüsearten aus der gleichen Pflanzenfamilie am selben Ort kann Krankheitserreger und Schädlinge begünstigen. Zu enge Fruchtfolgen sollten besonders bei Erbsen, Kohlgewächsen, Karotten, Zwiebeln und Erdbeeren vermieden werden.
- **Bodenpflege:** Schonende Bodenbearbeitung, eine möglichst ganzjährige Bodenbedeckung mit organischem Material und eine ausgeglichene organische Düngung fördert das Bodenleben. Der Abbau toter organischer Substanz wird so verbessert und dadurch indirekt auch die Pflanzengesundheit gefördert. Ziel einer ausgewogenen Düngung sollte auch die Ernährung der Bodenlebewesen sein, und nicht nur die der Pflanzen.
- **Nährstoffversorgung:** Verschiedene Pflanzenarten stellen unterschiedliche Ansprüche an die Nährstoffverfügbarkeit im Boden. Stark- und Schwachzehrer sollten sich in regelmäßigen Abständen an einem Standort abwechseln.
- **Vielfalt:** Hohe Pflanzenvielfalt ist meistens förderlich für die Pflanzengesundheit. Sie kann einfach erreicht werden, indem man Wildkräuter zwischen Kulturpflanzen toleriert. Im Gemüse- und Obstgarten kann die Pflanzenvielfalt durch Mischkulturen erhöht werden.

Blüten zwischen Gemüsepflanzen locken pollen- und nektarfressende Nützlinge direkt zu den Kulturpflanzen.

Auf die Planung kommt es an

Artenvielfalt, und damit die Biodiversität, kann man im naturnahen Garten erreichen, indem möglichst viele Arten von Kräutern, Sträuchern und Bäumen angepflanzt werden. Die Vielfalt sollte sich aber nicht nur auf die Artenzahl beziehen, sondern auch auf Blühzeitpunkt und -dauer, Sonnen- und Schattenpflanzen, Pflanzen unterschiedlicher Gestalt und Größe sowie Pflanzen, die Früchte tragen, die auch im Winter zur Verfügung stehen. Alle diese Faktoren fördern den Struktur- und Artenreichtum maßgeblich.

Mischkultur – mit der Natur arbeiten

In freier Natur sind Monokulturen sehr selten. Je nach Standort bilden sich von alleine bestimmte Pflanzengemeinschaften, die sich über einen langen Zeitraum aufeinander einstellen und sich auf der Grundlage gegenseitiger Konkurrenz um Licht, Wasser und Nährstoffe untereinander bestmöglich ergänzen. Diese meist artenreichen Pflanzengemeinschaften sind stabiler als artenarme, da bei Ausfall einer Art sofort eine andere die Funktion der ausgefallenen Art im System übernehmen kann.

Obwohl in unseren Gärten Pflanzen meistens nicht dort wachsen wo sie wollen, sondern da wo sie sollen, können die Prinzipien der Natur auch auf den naturnahen Gartenbau an-

Pflanzen mit schädlingsabwehrender Wirkung

Pflanze	wirksam gegen
Kaiserkrone	Wühlmäuse
Kerbel	Schnecken
Kren	Kartoffelkäfer
Lavendel	Kohlweißlinge
Pfefferminze	Erdflöhe und Kohlweißlingsfalter
Ringelblume	Nematoden (Bodenälchen)
Rosmarin	Kohlweißlinge
Salbei	Kohlweißlinge, Karottenfliegen, Schnecken, Ameisen
Senf	Schnecken
Tagetes (Studentenblume)	Bodenkur gegen Nematoden (Bodenälchen)
Thymian	Kohlweißlinge, Schnecken

gewendet werden. Die wesentlichen Faktoren für einen gesunden Garten sind dabei die passende Pflanzenauswahl und -zusammensetzung sowie die Artenvielfalt.

Prinzip

Eine bewährte Methode zur Erhöhung der Artenvielfalt im Hausgarten ist die Mischkultur. Darunter versteht man, dass verschiedene Nutz- und Blütenpflanzen an einem Standort oder in einem Beet kombiniert werden. Dabei können die Kulturen zwischen den Reihen, aber auch innerhalb einer Reihe gewechselt werden

Gute Nachbarschaften

Aufgrund der engen Nachbarschaftsverhältnisse beeinflussen sich Pflanzen gegenseitig. Alle Pflanzen produzieren Lock-, Schutz- und Abwehrstoffe. Diese Substanzen werden einerseits als Duftstoffe an die Luft abgegeben, z.B. um Blütenbestäuber anzulocken. Andererseits gelangen diese Substanzen auch über die Wurzeln

Ringelblumen sind nicht nur wertvolle Heilpflanzen, sie wehren auch Nematoden ab.

Je vielfältiger und abwechslungsreicher der Garten, umso mehr profitieren die Pflanzen voneinander.

in den Boden. Kombiniert man nun im Gemüse- und Blumenbeet Pflanzen, die sich aufgrund der ausgeschiedenen Stoffe gegenseitig positiv beeinflussen, können sie sich besser entwickeln und gegenseitig im Wachstum fördern. Der Nutzen von Mischkulturen liegt also darin, dass sich benachbarte Pflanzen positiv beeinflussen (siehe auch Tabelle Seite 76).

Starke Düfte

Stark duftende Kräuter schrecken Pflanzenfresser ab. Besonders wirksam sind z. B. Zwiebeln, Knoblauch oder Lauch. Riechen die von Pflanzen abgegebenen Duftstoffe für gewisse Schädlinge sehr unangenehm, können einzelne Pflanzen reichen, um sie abzuwehren. Bereits ein bis zwei Knoblauchpflanzen pro Quadratmeter Beet reichen, um Blattlausbefall und Pilzerkrankungen merklich zu reduzieren.

Auch Gewürz- und Heilpflanzen sollten nicht isoliert stehen, sondern in Blumen- und Gemüsebeeten verteilt werden. Ein- bis zweijährige Arten müssen dabei regelmäßig erneuert werden, mehrjährige wie Rosmarin, Thymian, Lavendel und Liebstöckel können als Kräuterhecke um die Beete herum gepflanzt werden.

VERWIRREND

Vermischen sich mehrere Düfte miteinander, kann das manchen Schädling irritieren und vom gesuchten Ziel ablenken. Pflanzt man z. B. Zwiebeln und Karotten nebeneinander, vermischen sich beide Duftbouquets derartig, dass die Zwiebelfliege, die für die Eiablage auf Zwiebelduft programmiert ist, diesen nicht mehr eindeutig erkennt und weiterzieht, um woanders nach geeigneten Wirtspflanzen zu suchen.

Nützlinge fördern und unterstützen

Der zweite Pfeiler des vorbeugenden Pflanzenschutzes ist die ganzjährige Schonung und Förderung von Nützlingen. Bei Beachtung aller oben genannten Punkte werden natürliche Gegenspieler automatisch gefördert. Mischkulturen bieten in ihrer Vielfalt pollen- und nektarreiche Futterpflanzen sowie einen hohen Strukturreichtum, was Nützlingen sehr entgegenkommt. Diese können sich überall dort ansiedeln und vermehren, wo sie einen Lebensraum finden, der ihnen ausreichend Nahrung bietet und Möglichkeiten für Rückzug, Fortpflanzung und Überwinterung bereithält.

Die Natur verstehen

Strategien des Nahrungserwerbs

Die Wirkung von Nützlingen beruht darauf, dass sie Schädlinge mehr oder weniger gezielt töten und so deren Zahl im Garten langfristig reduzieren. Dabei kann man Nützlinge je nach Art und Weise des Nahrungserwerbs verschiedenen Typen zuordnen.

RÄUBER

Räuber sind „Beutefänger", die andere Lebewesen jagen, ihnen auflauern, sie überwältigen und anschließend teilweise oder ganz auffressen. Meist töten Räuber ihre Beute sofort. Typische Vertreter dieser Gruppe sind Laufkäfer, Spinnen, Marienkäfer und -larven oder Schwebfliegenlarven.

Je nachdem, zu welchem Zeitpunkt der Massenvermehrung des Schädlings die Räuber in Aktion treten, wird zwischen Schutz- und Säuberungsräubern unterschieden. Schutzräuber können bereits früh einer Massenvermehrung entgegenwirken, da sie bereits in der Anfangsphase der Schädlingsvermehrung im Garten vorhanden sind. Sie spielen daher eine bedeutende Rolle für die biologische Schädlingsregulation. Schutzräuber sind Generalisten und können vorübergehend auch auf andere Beutetiere oder sogar pflanzliche Nahrung wie Blütenpollen ausweichen. So überbrücken sie Zeiten, in denen ihre bevorzugte Beute nicht ausreichend zur Verfügung steht. Bei einem erneuten Schädlingsbefall können sie dann rasch eingreifen.

Im Gegensatz dazu sind Säuberungsräuber meist auf bestimmte Beutetiere spezialisiert und werden erst dann aktiv, wenn sich die Schädlinge bereits massiv vermehrt haben und zahlreich vorhanden sind. Nachdem sie die Schädlinge vertilgt haben, wandern sie wieder ab. Säuberungsräuber sind in der Regel sehr mobil und können auch gut fliegen, wie zum Beispiel Florfliegen und Marienkäfer.

PARASITEN UND PARASITOIDE

Parasiten sind Pflanzen oder Tiere, die auf oder in anderen Lebewesen leben und sich von deren Körpersubstanz ernähren, ohne ihren „Wirt" abzutöten. So leben Zecken und Flöhe lange Zeit auf Hunden und Katzen, ohne deren Leben zu bedrohen. Im Gegenteil, als Schmarotzer leben sie ja vom „laufenden Einkommen" ihres Wirtes. Aus diesem Grund spielen Parasiten als Nützlinge im Garten keine Rolle.

Im Gegensatz dazu töten so genannte Raubparasiten bzw. Parasitoide („Parasitenähnliche") ihre Wirte im Laufe ihrer Entwicklung. Ein bekanntes Beispiel sind Schlupfwespen. Sie legen ihre Eier mittels eines Legestachels auf oder in verschiedene Entwicklungsstadien ihrer Wirte, nämlich Eier, Larven oder erwachsene Tiere. Je früher der Schädling dabei in seiner Entwicklung parasitisiert wird, umso effizienter die Schädlingsregulation. Nachdem die Wespenlarven geschlüpft sind, ernähren sie sich zunächst von den weniger lebenswichtigen Organen der Wirtstiere. So werden diese quasi als

„Frischkonserve" am Leben gehalten. Erst gegen Ende der Entwicklung der parasitischen Wespen vergreifen sich diese auch an den lebenswichtigen Organen der Wirtstiere, wodurch diese letztendlich sterben.

Leben und leben lassen

Zwischen Nützlingen und Schädlingen besteht ein natürlicher Zusammenhang in Form einer Räuber-Beute-Beziehung. Ein Tier einer bestimmten Art – der Räuber oder Raubparasit – schädigt oder tötet ein Tier einer anderen Art – die Beute –, um es zu fressen und dadurch sein eigenes Überleben sichert. Nützlinge können daher im Garten nur auftreten, wenn ihnen das Umfeld ausreichend Beutetiere bietet.

Je mehr Schädlinge an der Pflanze , desto mehr Gegenspieler finden Nahrung.

Krabbenspinnen sind lauernde Räuber, die Beutetiere überwältigen können, die wesentlich größer sind.

Populationsschwankungen

Die Zahl der Räuber oder Nützlinge in einem Lebensraum hängt also immer von der Zahl der Beutetiere bzw. Schädlinge ab. Nimmt die Zahl der Schädlinge im Garten zu, so erhöht sich auch die Zahl der Nützlinge, weil diese mehr Nahrung für sich und ihre Nachkommen finden. Da es einige Zeit dauert, bis die Nachkommen der Räuber aktiv werden, nimmt die Zahl der Nützlinge im Vergleich zur Zahl der Schädlinge zeitlich verzögert zu. Je schneller sich Nützlinge vermehren können, desto schneller können sie auf einen Schädlingsbefall reagieren und umso effektiver sind sie bei deren Bekämpfung. Insekten, die im Vergleich zu Säugetieren in viel kürzeren Zeitspannen Nachkommen produzieren und oft auf bestimmte Beutetiere spezialisiert sind, weisen daher meist eine höhere Effizienz gegenüber Schädlingen auf.

Nimmt die Zahl der Räuber zu, werden mehr Schädlinge gefressen, sodass in der Folge das Nahrungsangebot immer knapper wird. Die

Räuber-Beute-Beziehung

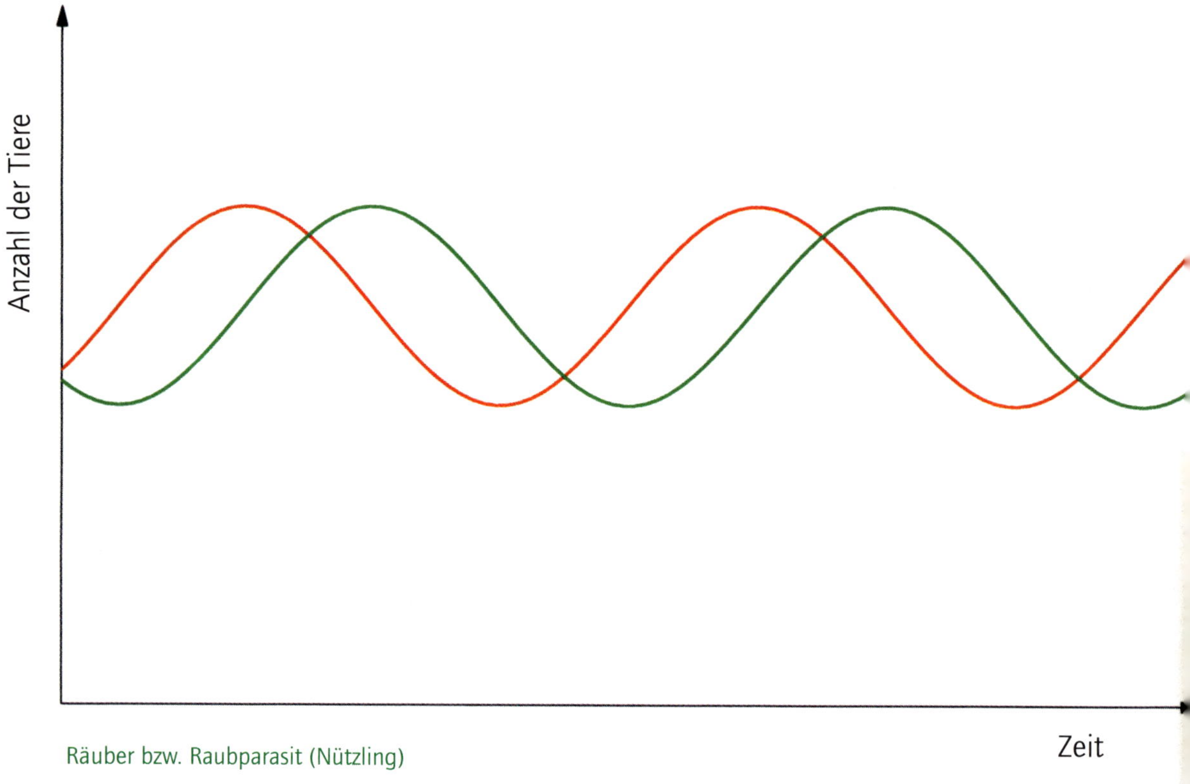

Räuber bzw. Raubparasit (Nützling)
Beute bzw. Wirt (Schädling)

Natürliches auf und ab

Vereinfachte schematische Darstellung der Räuber-Beute-Beziehung zwischen einer Nützlings- und einer Schädlingsart: Erst wenn die Zahl der Tiere einer Art zunimmt, können sich auch natürliche Gegenspieler stärker vermehren, was wiederum zu einer Reduktion der Zahl der Beutetiere führt, und in der Folge zu einer Reduktion der Zahl der Gegenspieler. Da in natürlichen Lebensräumen viele Arten leben, die miteinander in Wechselwirkung stehen, wird die Vermehrung einer Art durch mehrere andere begrenzt. Gleichzeitig ernähren sich viele Räuber von mehreren Arten.

Nahrungsgeneralisten unter den Räubern reagieren in solchen Situationen flexibel, weil sie auf andere Nahrung ausweichen können und oft auch sehr unterschiedliche Lebensräume besiedeln. Die Nahrungsspezialisten sind dagegen von einer oder einigen wenigen Nahrungsquellen abhängig. Für sie bedeutet die Verknappung des Nahrungsangebotes, dass weniger Nachkommen produziert werden können, da deren Überlebenschance aufgrund der Nahrungskonkurrenz immer geringer wird. Diese natürliche Reaktion der Nützlinge auf Nahrungsverknappung führt in der Folge zu einer Abnahme ihrer Zahl. Eine hohe Zahl an Beutetieren wirkt sich also positiv auf die Zahl der Räuber aus, umgekehrt wirkt sich deren Zahl aber negativ auf die der Schädlinge aus. Dieser Zusammenhang ist entscheidend für das Verständnis der biologischen Schädlingsregulation in einem Lebensraum.

AUF UND AB

Wenn die Zahl der Räuber durch die Reduktion der Beute zeitverzögert abnimmt, erhöht sich die Überlebenschance der noch vorhandenen Schädlinge. Diese vermehren sich nun wieder verstärkt, sofern die äußeren Umweltbedingungen dies zulassen. Eine Zunahme der Zahl der Beutetiere ermöglicht es aber auch den Räubern wieder, sich stärker zu vermehren. Der Kreis schließt sich. Das bedeutet aber, dass natürliche Gegenspieler ihre Beutetiere in einem Lebensraum nie vollständig ausrotten können, was auch Sinn macht. Würden sich die Räuber hemmungslos weiter vermehren und in kürzester Zeit alle Beutetiere fressen, würden sie auf Dauer verhungern und sich selbst ausrotten. Dies trifft besonders auf die Spezialisten unter den Räubern zu. Da Generalisten immer auf Alternativnahung ausweichen können, ist ihre Individuenzahl nicht so stark an die Zahl der Schädlinge gekoppelt. Sie sind daher auch nicht so starken Populationsschwankungen im Laufe des Jahres unterworfen.

Zarte Schlupfwespen können auch hart gepanzerte Rüsselkäfer vernichten, indem sie mit ihrem langen Legebohrer gezielt ungeschützte, weiche Stellen des Käferhinterleibs anstechen und ein Ei in deren Körper ablegen.

Jeder zu seiner Zeit

Auch wenn zahlreiche Nützlinge im Garten vorhanden sind, treten sie nicht immer sofort in Aktion, sobald Schädlinge auftauchen. Der Zeitpunkt ihres Auftretens hängt vielmehr von der Art und Weise ihres Nahrungserwerbs und von der Anzahl der potenziellen Beutetiere ab.

Beispiel Blattläuse

Blattläuse zählen zu den bekanntesten Plagegeistern in unseren Gärten. Über 800 verschiedene Arten sind bekannt, die allesamt Schäden an Kulturpflanzen anrichten können. Blattläuse stechen mit ihren feinen Saugborsten das Leitungssystem im Pflanzengewebe an und saugen dann den Pflanzensaft auf.

Die Erbsenblattlaus ist ein anschauliches Beispiel dafür, wie verschiedene Gruppen von Nützlingen auf ihre Beutetiere einwirken und dadurch einer Massenvermehrung entgegenwirken. Befruchtete Blattläuse legen im Herbst Eier an winterharte Schmetterlingsblütler, aus denen im Frühjahr die erste Generation weiblicher Blattläuse schlüpft. Da sie sich ohne Befruchtung durch Männchen ungeschlechtlich fortpflanzen können (Jungfernzeugung), können sie in kürzester Zeit riesige Kolonien aufbauen. Jedes Weibchen kann 50 bis 140 Nachkommen bekommen und der Nachwuchs seinerseits unter günstigen klimatischen Bedingungen schon nach etwa zehn Tagen eine neue Generation begründen. Bei einer optimalen Temperatur von 22 bis 24 °C ist eine einzige Blattlaus in der Lage, in 38 bis 40 Tagen theoretisch bis zu einer Million Nachkommen zu bekommen, sofern natürliche Gegenspieler dem nicht entgegenwirken.

Generalisten und Parasitoide

So lange die Blattlauskolonien noch klein und unauffällig sind, werden die Blattläuse von Gelegenheitsräubern wie Laufkäfern, Florfliegen, Spinnen, Raubwanzen und Vögeln dezimiert. Diese Tiere sind nicht auf Blattläuse spezialisiert, sie treffen vielmehr bei der Nahrungssuche rein zufällig auf die Blattläuse, die sie dann auch nicht verschmähen. Im Gegensatz dazu suchen beispielsweise parasitische Schlupfwespen sehr gezielt nach Blattläusen, um in ihnen ihre Eier abzulegen. Aufgrund ihres außergewöhnlich gut ausgeprägten Suchvermögen, können sie Blattläuse auch schon aufstöbern, wenn sie noch vereinzelt oder in kleinen Kolonien an Pflanzen saugen.

Nahrungsspezialisten

Kleine Kolonien, die von Gelegenheitsräubern und Schlupfwespen übersehen werden, wachsen rasch zu größeren Kolonien heran. Dies ruft sofort verschiedene spezialisierte Räuber auf den Plan. Marienkäfer, Schwebfliegen und Gallmücken legen nun in den Kolonien ihre Eier ab. Aus diesen schlüpfen in kürzester Zeit Larven, die sich hungrig über die Läuse hermachen. Diese Nützlinge greifen deshalb so spät ins Geschehen ein, weil die Weibchen sicherstellen wollen, dass die Larven nach dem Schlüpfen genügend Nahrung vorfinden, um ihre Entwicklung abschließen zu können. Sind die Blattlauskolonien zu klein, würden die Larven aufgrund ihrer eingeschränkten Mobilität jämmerlich verhungern oder sich gar gegenseitig auffressen.

Spezialisierte Räuber können aufgrund ihrer Gefräßigkeit die Zahl der Blattläuse zwar stark dezimieren, doch auch sie übersehen immer wieder Kolonien, die sich dann ungehindert vergrößern können.

Krankheiten

Extrem große Kolonien haben ein besonderes Problem. So wie wir Menschen können auch Insekten von Krankheiten heimgesucht werden, was für die befallenen Tiere meist tödlich endet. Als Krankheitserreger kommen Viren und Bakterien in Frage, bei Blattläusen spielen zudem Pilzerkrankungen eine große Rolle. Solche Krankheiten können innerhalb kürzester Zeit den totalen Zusammenbruch großer Blattlauskolonien bewirken.

Teamwork

Das Beispiel der Blattläuse zeigt deutlich, dass Nützlinge die Massenvermehrung von Schädlingen nur dann erfolgreich verhindern können, wenn verschiedene Arten und funktionelle Gruppen zusammenwirken. Ziel eines naturnahen Gartens ist es daher, möglichst vielen verschiedenen Nützlingsgruppen einen Lebensraum zu bieten. Fördert man nur einzelne Arten, werden diese zwar zu einem bestimmten Zeitpunkt erfolgreich in den Vermehrungszyklus der Schädlinge eingreifen und sie dadurch teilweise reduzieren. Oft führt das aber nur zu einem Teilerfolg, und das Risiko der Massenvermehrung ist nicht gänzlich gebannt.

Eine Blattlausschlupfwespe sticht mit ihrem nach vorne gebogenen Hinterleib eine Blattlaus an, um ein Ei abzulegen.

Schwebfliegenlarve, Marienkäfer und parasitierte Blattlaus (Mumie): vereint im Kampf gegen Blattläuse.

Aus dem Leben der Nützlinge

Nützlinge, vor allem aus dem Reich der Insekten, wirken meist unbemerkt von unseren Augen und vollbringen dabei wahre Höchstleistungen. Erst wenn wir ihre Lebensweise kennen und verstehen, können wir sie schätzen und schützen. Dazu gehört die Kenntnis über die unterschiedlichen Erscheinungsformen ihrer Entwicklungsstadien genauso wie die über ihre Lebensgewohnheiten. Und das Verständnis für arteigene Vorlieben und Bedürfnisse ist die wesentliche Voraussetzung für ihren Schutz.

Fleißige Helfer im Garten

Unscheinbar, aber wirkungsvoll

Die natürlichen Gegenspieler von Schädlingen können aus vielen unterschiedlichen Organismengruppen kommen. Abgesehen von den Krankheiten, die hauptsächlich durch Pilze, Bakterien und Viren verursacht werden, handelt es sich meistens um Insekten, Spinnen, Amphibien, Reptilien, Vögel und Säugetiere. Da die meisten Gartenschädlinge Insekten sind, stammen die wichtigsten natürlichen Gegenspieler ebenfalls aus dieser Gruppe. Nur Insekten können aufgrund ihrer kurzen Generationsfolge und ihres enormen Vermehrungspotenzials rasch und flexibel auf Schädlingsbefall reagieren. Doch während größere Säugetiere, Vögel, Amphibien oder Reptilien relativ auffällig sind, bedarf es bei den kleinen Insekten schon größerer Aufmerksamkeit, um sie überhaupt wahrzunehmen oder zu identifizieren.

Vollkommene und unvollkommene Verwandlung

Wie gesagt, ist die Kenntnis über Lebensraumansprüche und Lebensweise von Nützlingen die Voraussetzung für deren Förderung. Was sind die bevorzugten Nahrungsquellen? Wie pflanzen sie sich fort? Wie verläuft die Entwicklung der Larven? Vor allem Letzteres ist im Zusammenhang mit Insekten wichtig, da manche Arten als ausgewachsene Insekten ganz andere Ansprüche an ihre Umwelt stellen als während der Larvalzeit. Dies trifft vor allem auf Insekten zu, die im Verlauf ihrer Entwicklung eine vollkommene Verwandlung durchmachen. Bei diesen unterscheiden sich die Larven im Aussehen vollkommen von den erwachsenen Tieren. Die Jungtiere durchlaufen mehrere Larvenstadien und ein Puppenstadium, in dem sich die Larve zum erwachsenen Tier verwandelt. Larven und erwachsene Tiere einer Art können dabei im gleichen Lebensraum leben und ähnliche Nahrung aufnehmen, wie z. B. die Käfer, meistens weichen ihre Ansprüche aber deutlich voneinander ab, wie bei den Schwebfliegen. Während die erwachsenen Fliegen ausschließlich von Blütenpollen und Nektar leben, kann die Ernährungsweise der Larven sehr vielfältig sein. Aufgrund dieser Unterschiede leben Larven und erwachsene Tiere in verschiedenen Lebensräumen.

Es reicht also nicht, nur die Nahrungspräferenzen der Larven zu kennen, es müssen auch die Ansprüche der erwachsenen Tieren berücksichtigt werden, um sie optimal zu fördern.

Daneben gibt es auch Insektengruppen, bei denen sich Jungtiere und Erwachsene im Aussehen kaum voneinander unterscheiden, sodass auch kein Puppenstadium zur Verwandlung notwendig ist. Biologen bezeichnen diese Entwicklung als unvollkommene Verwandlung. Einzig die fehlenden Flügel und nicht vorhandene Geschlechtsorgane weisen die Jungtiere als solche aus. Zu dieser Gruppe zählen z. B. Wanzen und Ohrwürmer.

Vielseitige Insekten

Gliederfüßer

Insekten und Spinnentiere fasst man unter dem Begriff Gliederfüßer zusammen, weil eines ihrer gemeinsamen Merkmale die vielgliedrigen Beine sind. Eindeutiges Unterscheidungsmerkmal ist aber die Anzahl der Beine. Während Insekten immer über drei Beinpaare verfügen, zählt man bei den Spinnentieren, abgesehen von einigen Entwicklungsstadien, immer vier Beinpaare. Auch die Gliederung des Körpers unterscheidet beide Gruppen voneinander. Während bei den Insekten eine deutliche Gliederung des Körpers in drei Abschnitte erkennbar ist – Kopf mit Augen und Fühlern, Bruststück mit Beinen und Flügeln und Hinterleib mit den Fortpflanzungsorganen –, gibt es bei den Spinnentieren nur eine Kopfbrust und einen Hinterleib, der manchmal unmittelbar an das Kopfbruststück anschließt, so bei den Milben und Weberknechten.

Erfolgsmodell Käfer

Etwa ein Viertel aller in unseren Breiten frei lebenden Tierarten gehören zur Insektenordnung der Käfer (Coleoptera). Weltweit sind sie damit eine der erfolgreichsten Gruppen überhaupt.

Trotz der großen Mannigfaltigkeit weisen Käfer bis auf wenige Ausnahmen ein gemeinsames Merkmal auf, das sie von allen anderen Insekten deutlich unterscheidet – die starren, in gewölbte Schalen umgewandelten Vorderflügel, die den weichhäutigen und empfindlichen Hinterleib meist vollkommen bedecken und wie ein Panzer schützen. Nur wenigen Käferarten, wie den Weibchen der Leuchtkäfer, fehlen diese als Elytren bezeichneten starren Vorderflügel. Bei den Kurzflügelkäfern sind sie stark reduziert.

Unter den Vorderflügeln liegen meist die kunstvoll gefalteten Hinterflügel verborgen, die

Käfer sind mit die erfolgreichste Insektengruppe weltweit und stellen bei uns ein Viertel aller Tierarten.

Biologische Schädlingsbekämpfung

Marienkäfer sind die Pioniere der klassischen biologischen Schädlingsbekämpfung. Schon im Jahr 1880 wurden Marienkäfer einer bestimmten Art *(Rodolia cardinalis)* in Australien gesammelt und nach Kalifornien gebracht, um dort den bis dahin unverwüstlichen Weißen Wollschildläusen *(Icerya purchasi)* in Zitronenplantagen den Kampf anzusagen und sie erfolgreich zu dezimieren. Importierte Räuber können selbst zum Schädling werden, wenn sie nicht spezialisiert sind.

eigentlichen Flugorgane der Käfer. Ihre Fähigkeit zu fliegen ermöglicht es ihnen, große Flächen nach Nahrung abzusuchen. Viele Arten leben räuberisch von anderen Insekten, Raupen oder Schnecken. Zu ihnen zählen Laufkäfer, Kurzflügelkäfer und Marienkäfer, die allesamt nützliche Dienste im Garten leisten.

Marienkäfer – der Glücksbringer

Aufgrund ihrer auffälligen, meist roten, Färbung und der charakteristischen schwarzen Punkte sind die kleinen hochgewölbten, fast halbkugeligen Marienkäfer (Coccinellidae) bei Groß und Klein ebenso bekannt wie beliebt und gelten sogar als Glückssymbol. Farbe und Musterung der Marienkäfer kann sehr vielfältig sein. Manche Arten haben eine schwarze Grundfärbung mit roten Punkten, andere sind hauptsächlich gelb und mit zahlreichen schwarzen Punkten übersät. Während die Färbung innerhalb einer Art variieren kann, ist die Anzahl der Punkte immer artspezifisch und hat übrigens nichts mit dem Alter der Käfer zu tun.

Nahrung

Sowohl die Larven (siehe Abbildung links) als auch die erwachsenen Käfer der meisten Arten leben räuberisch. Sie fallen gefräßig über Blattläuse, Schildläuse, Milben und andere Pflanzensauger her. Größere Larven und Käfer können täglich 40 bis 150 Blattläuse vertilgen. Im Laufe seines Lebens verspeist so jedes einzelne Tier Hunderte Läuse. Damit sind sie unentbehrliche und effektive Helfer im Garten!

Es gibt aber auch Marienkäfer-Arten, die sich ausschließlich von Pflanzen ernähren oder auf Mehltaupilze spezialisiert sind. Auf die bevorzugte Nahrung der Käfer lässt oft schon die Färbung der Tiere schließen. Während sich Arten mit roten oder gelben Flügeldecken hauptsächlich von Blattläusen ernähren, fressen die dunkel gefärbten, kleineren Arten vor allem Schildläuse, Weiße Fliegen oder Spinnmilben. Die Larven vertilgen meist dieselbe Nahrung wie die erwachsenen Tiere.

Marienkäfer sind sehr mobil und können sowohl in der Luft als auch auf Land weite Strecken zurücklegen, um Blattlauskolonien aufzuspüren. Ist das bevorzugte Beutetier nicht vorhanden, sind sie in der Lage, vorübergehend auch auf alternative Kost wie z.B. Honigtau, Nektar und Pollen auszuweichen.

Marienkäfer legen ihre gelben Eier in großen Gruppen ab.

Marienkäferpuppe: Aus einer Larve wird ein Käfer.

Fortpflanzung & Entwicklung

Marienkäfer pflanzen sich meist im Frühling fort, wenn Blattläuse die jungen Pflanzensprosse befallen. Dann steht für die Weibchen ausreichend Nahrung zur Verfügung, um Eier zu produzieren. Nach der Paarung, die im Leben der Weibchen nur ein einziges Mal stattfindet, legen die Weibchen die gelborangen Eier in Gruppen von 10 bis 100 Stück ab, meist an einer Blattunterseite in der Nähe von größeren Blattlauskolonien. Nach zwei bis fünf Tagen schlüpfen aus den Eiern die länglichen, blaugrau gefärbten und orange gefleckten Larven. Nach einer drei- bis sechswöchigen Larvalentwicklung mit vier bis fünf Larvenstadien verpuppen sich die Larven auf Blättern, vier bis neun Tage später schlüpfen die fertigen Käfer.

Marienkäfer überwintern meist in größeren Gruppen an geschützten Stellen in der Bodenstreu oder unter größeren Steinen und Steinhaufen. Hier sind sie vor Sonnenlicht und Temperaturschwankungen geschützt. Wichtig ist, dass der Überwinterungsplatz gut durchlüftet ist und hohe, aber nicht übermäßige Feuchtigkeit bietet. Oft verirren die Tiere sich auch in Wohnungen, wo sie ebenfalls den Winter überstehen können. Je nach Art leben Marienkäfer wenige Monate bis zu mehreren Jahren.

Natürliche Feinde

Natürliche Feinde der Marienkäfer finden sich unter den Eidechsen, Nagetieren, Säugetieren, Vögeln, Spinnen und auch anderen Insekten. Wenn sich Marienkäfer bedroht fühlen, ziehen sie die Beine an und stellen sich tot. Um Fressfeinde abzuschrecken, sondern sie zusätzlich eine übel riechende, gelbe Flüssigkeit ab.

Fördern

Marienkäfer können gefördert werden, indem man im Garten auf den Einsatz von Pestiziden verzichtet und im Frühjahr Blattläuse auf einigen Pflanzen duldet. Südexponierte lockere Steinhaufen bieten Überwinterungslager.

Typisch lang gestreckte Gestalt eines Laufkäfers (*Carabus* sp.) mit seinen kräftigen Laufbeinen.

Mobile Laufkäfer

Laufkäfer (Coleoptera) sind leicht an ihrem relativ gleichförmigen Körperbau zu erkennen. Es sind meist schlanke, bis zu 4 cm große Tiere. Viele sind dunkel gefärbt, es gibt aber auch farbintensive, metallisch schimmernde oder bunt gemusterte Varianten mit auffälligen Flügeldecken. Wie der Name schon sagt, bewegen sie sich mit ihren kräftigen Laufbeinen hauptsächlich am Boden fort. Während die kleineren Vertreter der Familie auch fliegend angetroffen werden können, sind größere Arten wie einige Vertreter der Gattung *Carabus* flugunfähig.

Lebensraum

Aufgrund ihrer Mobilität können Laufkäfer viele Lebensräume erschließen. Meist halten sie sich aber am Erdboden auf. Einige Arten klettern auf der Suche nach Nahrung auch auf Kräuter und Bäume. Die meisten Laufkäfer sind feuchtigkeitsliebende Dämmerungstiere, die sich tagsüber unter Steinen, Laub oder in Erdspalten verstecken.

Fortpflanzung & Entwicklung

Nach dem Zeitpunkt der Eiablage im Frühjahr oder Herbst unterscheidet man entsprechend zwischen Frühjahrs- und Winterlarven. Die räuberischen Larven sind recht flink und halten sich größtenteils im Boden auf, manchmal kann man sie aber auch auf der Erdoberfläche beobachten. Ihre Entwicklungszeit kann je nach Art mehrere Wochen bis Monate dauern. Am Ende zieht sich die Larve in einer Erdhöhle zurück, um sich dort zu verpuppen. Innerhalb weniger Wochen verwandelt sie sich in ein erwachsenes Tier. Pro Jahr entwickelt sich nur eine Generation, die Lebensdauer mancher Käferarten kann aber mehrere Jahre betragen. Je nach Art überwintern entweder die Larven oder erwachsene Tiere in Erdhöhlen

NAHRUNG

Ein Großteil der Laufkäfer lebt räuberisch von z. B. Blattläusen, Eiern und Larven des Kartoffelkäfers, schädlichen Schmetterlingsraupen, Spinnen und Ameisen. Dabei zeigen einige ausgeprägte Vorlieben für bestimmte Beutetiere wie Schnecken und Regenwürmer. Räuberische Laufkäfer können täglich bis zum Dreifachen ihres Körpergewichts fressen, was sie zu wichtigen Mitstreitern gegen Schädlinge im Garten macht. Einige Arten verdauen ihre Beute, indem sie Magensäfte über das erbeutete Tier erbrechen. Dieses zersetzt sich dadurch und kann anschließend aufgesaugt werden kann. Andere Arten, wie der Kupferfarbene Buntgrabläufer *(Poecilus cupreus)*, ernähren sich zum Teil auch von pflanzlicher Kost. Wiederum andere ändern ihre bevorzugte Nahrung im Laufe des Jahres. Manche Pflanzenfresser unter den Laufkäfern tragen zur Wildkräuterkontrolle bei, wenn sie beispielsweise deren Samen fressen.

NATÜRLICHE FEINDE

Laufkäfer sind aufgrund ihrer dunklen Färbung gut getarnt vor ihren natürlichen Feinden, nämlich Fröschen, Kröten, Vögeln, Igeln und Spitzmäusen. Im Notfall können sie schnell davonlaufen – oder seltener – auch fliegend flüchten. Kommt ein Feind dennoch zu nahe, spritzen sie ihm aus Stinkdrüsen an ihrem Hinterleib übel riechende Sekrete entgegen, was den Angreifer meist in die Flucht schlägt.

Eine andere Gefahr stellen parasitische Hautflügler und Milben dar, die gerne Laufkäfer befallen.

FÖRDERUNG

Viele Laufkäfer sind feuchtigkeitsliebend. Wiesen und Hecken bieten ein geeignetes Klima. Diese Lebensräume sind vor allem für die Vermehrung und Überwinterung wichtig.

Riesen und Zwerge – Kurzflügelkäfer

Die Vertreter der artenreichen Familie der Kurzflügelkäfer (Staphylinidae) erkennt man leicht an den verkürzten Flügeldecken, die nur den vorderen Teil des Hinterleibs bedecken. Dadurch erinnern sie in ihrem Aussehen leicht an Ohrwürmer. Letztere tragen am Hinterleib aber auffällige Zangen, was sie deutlich von den Käfern unterscheidet.

Die schlanken Kurzflügelkäfer können je nach Art in ihrer Größe stark variieren. Während die kleinsten weniger als einen Millimeter messen, erreichen die größten eine stattliche Länge von bis zu 3 cm. Ihre Färbung ist meist unauffällig bräunlich, gelblich oder schwarz. Bei manchen ist die vordere Körperhälfte aber auch auffällig rot oder kräftig gelb gefärbt.

Kurzflügelkäfer erkennt man an der schlanken Gestalt und den charakteristischen kurzen Flügeldecken.

Weichkäfer bei der Paarung auf einem Doldenblütler.

Lebensraum

Obwohl sich Kurzflügler an vielen Orten wohl fühlen können, brauchen sie aber immer einen bestimmten Grad an Feuchtigkeit. Man findet sie daher bevorzugt an den Ufern von Gewässern, im feuchtem Moos, unter modernder Rinde, auf toten Tieren und in Vogelnestern.

Kurzflügelkäfer können mit ihren Hinterflügeln, die sie in Ruhe sorgfältig unter den kurzen Flügeldecken verpacken, sehr gut fliegen. Es gibt nacht- wie auch tagaktive Arten.

Fortpflanzung & Entwicklung

Die Weibchen der Kurzflügelkäfer legen ihre Eier meist direkt in den Boden ab. Aus diesen schlüpfen dann längliche Larven, die in ihrem Aussehen an Laufkäferlarven erinnern. Die Verpuppung erfolgt in einer Erdhöhle. In der Regel bringen Kurzflügler pro Jahr eine Generation hervor, unter günstigen Bedingungen können es auch zwei sein.

Je nach Art überwintern entweder die Larven oder die erwachsenen Käfer, besonders in Hecken, im Gestrüpp oder an Waldrändern.

Nahrung

Während sich einige wenige Arten ausschließlich von Pflanzen oder abgestorbenem organischen Material ernähren, lebt der Großteil der Kurzflügler räuberisch von Milben, Insekten und deren Eiern. Da auch die Larven vieler Schädlinge auf ihrem Speisezettel stehen, so die Puppen der Kohl- und Zwiebelfliegen, gehören sie zur Gesundheitspolizei des Gartens.

Hilfreiche Weichkäfer

Ihren Namen verdankt diese Käfergruppe den weichen, flaumig behaarten Flügeldecken. Im Gegensatz zu den meisten anderen Käferfamilien fehlt den Weichkäfern (Cantharidae) nämlich die typische harte Panzerung.

Weichkäfer sind etwa 1-2 cm groß und mehrfarbig, wobei die dunklen Farbtöne überwiegen. Vertreter der Gattung *Cantharis* werden auch Soldatenkäfer genannt, weil ihre charakteristische rot-schwarze Färbung an historische Uniformen erinnert.

Lebensraum
Vom Frühling bis zum Sommer kann man Weichkäfer auf Blüten von Kräutern und Sträuchern beobachten. Ab Ende Mai/Anfang Juni sind die Blütenbesucher im Garten regelmäßig an Doldenblütlern anzutreffen, wo sie auf Beute lauern.

Fortpflanzung & Entwicklung
Die Weichkäferweibchen legen ihre Eier ab Mai unter Grasbüscheln oder im Boden ab. Die samtigen, meist schwarzen Larven leben in der Laubstreu, unter Steinen oder im Erdboden, wo sie sich mehrmals häuten und den Winter überdauern. Die Verpuppung und Verwandlung zum erwachsenen Käfer erfolgt spätestens im Frühjahr. Pro Jahr gibt es nur eine Käfergeneration.

Nahrung
Sowohl die Larven als auch die erwachsenen Käfer leben räuberisch und ernähren sich von kleineren Insekten wie Blattläusen, Schmetterlingsraupen oder Blattwespenlarven. Die Käfer fressen manchmal auch an Pollen und können so geringfügigen Schaden an Blüten anrichten. Die Larven ernähren sich von kleinen Spinnentieren und Insektenlarven.

Ohrwürmer – besser als ihr Ruf

In Mitteleuropa leben sieben verschiedene Arten Ohrwürmer (Dermaptera). Die unauffälligen, meist braunen bis gelblichen Tiere erreichen je nach Art eine Größe von 5-25 mm (ohne Zangen). Mit ihrem lang gestreckten Körper erinnern sie an Kurzflügelkäfer, denen aber die auffälligen Zangen am Hinterleibende fehlen.

Während einige Arten flugaktiv sind, wurde der bei uns häufige Gemeine Ohrwurm *(Forficula auricularia)* bisher kaum beim Fliegen beobachtet.

Lebensraum
Ohrwürmer leben während des ganzen Jahres in Gärten und lichten Wäldern. Da sie nachtaktiv sind, suchen sie tagsüber feuchte und dunkle Verstecke auf. Sie verkriechen sich daher häufig unter Steinen, am Boden unter Pflanzen, unter Baumrinde, im Gemüse und in Blüten.

Fortpflanzung & Entwicklung
Im Herbst oder im zeitigen Frühjahr graben die Weibchen Erdhöhlen, in die sie bis zu 80 Eier legen, die fürsorglich bewacht und gepflegt werden. Durch häufiges Wenden und Ablecken schützen sie die Eier vor Austrocknung und schädlichen Keimen. Auch die frisch geschlüpften Junglarven werden noch einige Zeit von den Weibchen gepflegt. Da Ohrwürmer im Zuge ihrer sechsmonatigen Entwicklung eine unvollkommene Entwicklung durchlaufen, unterscheiden sich die Larven von den erwachsenen Tieren

Wehrhafte Ohrwürmer

Die Zangen dienen der Verteidigung und dem Angriff. Die Männchen verwenden sie aber auch, um die Weibchen während der Begattung festzuhalten. Bei den Männchen sind die Zangen sichelförmig gebogen, während die der Weibchen fast parallel zueinander verlaufen. Die Zangen sind auch sehr hilfreich, um die gefalteten Hinterflügel unter den taschenförmigen, kurzen Flügeldecken hervorzuholen.

äußerlich nur durch ihre geringere Größe. Zum Überwintern suchen Ohrwürmer im Herbst geeignete Verstecke oder graben Röhren in den Boden.

Nahrung

Larven und erwachsene Ohrwürmer sind Allesfresser, die auch gerne an Pflanzen, vor allem an Obst, knabbern. Sind jedoch Blattläuse oder Spinnmilben in der Nähe, wird pflanzliche Kost verschmäht. Junge Ohrwürmer können in einer Nacht bis zu 50 Blattläuse vertilgen, erwachsene Tiere sogar bis zu 120. Auf Obstbäumen werden Ohrwürmer vor allem als Gegenspieler der Blutläuse geschätzt.

Förderung

Eine Mulchschicht, die mit vereinzelten Steinen und kleinen Asthäufchen aufgelockert wird, bietet Ohrwürmern optimale Lebensbedingungen. Daneben kann man ihnen aus Blumentöpfen einfache Schlafstätten bauen.

Schwebfliegenlarven sind effektive Blattlausvertilger.

Erkennungsmerkmal der Fliegen sind zwei Flügel und ein Paar kleine Schwingkölbchen.

Lästig und nützlich – Fliegen und Mücken

Fliegen und Mücken besitzen nur ein Paar Flügel, was der Ordnung ihren Namen gegeben hat: Diptera oder Zweiflügler. Das hintere Flügelpaar ist bei ihnen zu winzigen, keulenförmigen Schwingkölbchen umgewandelt, welche die Funktion eines Gleichgewichtsorgans übernehmen. Während des Fluges schwingen sie mit und wirken dabei stabilisierend. Fliegen und Mücken treten bei uns in großer Artenzahl auf. Die Jugendstadien beider Gruppen sind die typischen, beinlosen Maden, die sich am Ende ihrer Larvenzeit verpuppen. Nützliche Helfer im Garten findet man vor allem unter den Gallmücken, Schwebfliegen, Blattlausfliegen, Raupenfliegen und Raubfliegen.

Kurzlebige Gallmücken

Gallmücken (Cecidomyiidae) sind kleine, zarte Mücken, die kaum größer als 3-4 mm werden. Die Larven einiger Arten leben in frischem oder moderndem Pflanzengewebe. Die Pflanze reagiert mit Gewebswucherungen, die zur Entstehung der typischen Pflanzengallen oder anderer Missbildungen führen. Daneben gibt es aber auch Gallmücken-Arten, deren Larven räuberisch leben und Blattläusen oder Milben nachstellen. Die Art *Aphidoletes aphidimyza* wird sogar gezüchtet, um sie gezielt zur Blattlausbekämpfung in Glashäusern einzusetzen.

Fortpflanzung & Entwicklung

Die Weibchen der räuberischen Gallmücken leben oft nicht länger als eine Woche. Sie nützen diese kurze Zeit jedoch, um inmitten von Blattlauskolonien bis zu 60 orangerote Eier abzulegen. Schon nach wenigen Tagen schlüpfen die beinlosen Maden, um sich bald auffällig orangerot zu verfärben. Ihr spindelförmiger Körper kann mit winzigen Dörnchen oder Haaren besetzt sein.

Die Maden stechen mit ihren spitzen Mundwerkzeugen zwischen die Beingelenke der Blattläuse und injizieren ein schnell wirkendes Gift, das die Tiere lähmt. Jetzt können sie genüsslich den Körpersaft der Blattläuse aufsaugen, bevor sie sich über das nächste Opfer hermachen. Da sie von einer Blattlaus oft nur einen Teil des Körpersaftes aufsaugen, die Blattlaus aber trotzdem dem Tode geweiht ist, töten Gallmückenlarven meist mehr Blattläuse, als sie für ihre Ernährung benötigen.

Nachdem sich die Larven zwei Wochen lang durch die Blattlauskolonien gefressen und dabei jeweils 20 bis 80 Blattläuse vertilgt haben, lassen sie sich zu Boden fallen und verpuppen sich knapp unter der Erdoberfläche in einem Kokon. Nach zwei bis drei Wochen schlüpft daraus eine neue Generation geschlechtsreifer Mücken. Meist gibt es zwei Gene-

Die auffällig orangerot gefärbte Larve einer räuberischen Gallmücke beim Aussaugen einer Blattlaus.

rationen pro Jahr. Die Larven der letzten Generation überwintern in einem Kokon im Boden und verpuppen sich im folgenden Frühjahr. Die ersten Fliegen schlüpfen Anfang Mai.

Elegante Schwebfliegen

Die Schwebfliegen (Syrphidae) bilden eine der größten Familien innerhalb der Zweiflügler. Der Name leitet sich von ihrer Fähigkeit ab, im Schwirrflug wie ein Kolibri an einer Stelle stehen zu bleiben. Dieses Verhalten ist besonders bei den Männchen ausgeprägt.

Die Gestalt der Schwebfliegen ist sehr vielfältig. Die bis zu 2 cm großen Tiere können aufgrund ihres auffällig schwarzgelb gefärbten Hinterleibes, der auch stark behaart sein kann, leicht mit Bienen, Hummeln oder Wespen verwechselt werden. Im Gegensatz zu diesen haben die Fliegen aber keine „Wespentaille". Die Ähnlichkeit mit wehrhaften Insekten dient lediglich der Abschreckung von Feinden, die schon unangenehme Erfahrungen mit schwarz-gelb gezeichneten Tieren gemacht haben.

Fortpflanzung & Entwicklung

Schwebfliegenweibchen können mehrere Hundert Eier legen. Bei Arten mit blattlausfressenden Larven werden diese einzeln in die Nähe von Blattlauskolonien abgelegt. Die Weibchen betreiben Brutfürsorge, indem sie für die Eiablage vorsorglich Kolonien auswählen, die nicht zu klein, aber auch nicht zu alt sind. So ist garantiert, dass die schlüpfenden Larven ausreichend Nahrung vorfinden.

Schwebfliegenlarven sind typische beinlose und blinde Fliegenmaden. Sie können auffällig grünlich bis gelblich gefärbt sein. Tagsüber ruhen sie auf der Blattunterseite aus oder verstecken sich an geschützten Stellen um dort die Tageshitze unbeschadet zu überstehen. Am Ende des dritten Larvenstadiums verpuppen sich die Larven.

Schwebfliegen können je nach Art als Larve oder Puppe im Boden, in der Laubstreu oder anderen Verstecken überwintern. Auch bereits befruchtete Weibchen überwintern und legen dann ab April Eier, genau der richtige Zeitpunkt, um die ersten Blattlauskolonien zu dezimieren ganz zu vernichten. Je nach Art gibt es pro Jahr eine oder mehrere Generationen.

Hain-Schwebfliege

Eine der häufigsten Schwebfliegen-Arten in unseren Breiten ist die Hain-Schwebfliege *(Episyrphus balteatus)*. Ihr typisches Merkmal sind die schwarzen Doppelbinden am gelben Hinterleib. Da sie jedes Jahr mehrere Generationen Nachkommen produziert und die erwachsenen Weibchen überwintern, ist die Hain-Schwebfliege das ganze Jahr über anzutreffen.

Nahrung

Erwachsene Schwebfliegen sind Blütenbesucher, die sich von Blütennektar, Pollen und Honigtau ernähren. Besonders beliebte Pflanzen sind Dol-

Florfliegen legen in Ruhe ihre zarten, netzartigen Flügel dachförmig über den Hinterleib.

denblütler, Korbblütler und Hahnenfußgewächse. Während die Weibchen vor allem den eiweißreichen Pollen für die Eireifung benötigen, liefert der kohlenhydratreiche Nektar den Männchen die Energie für ihren energieaufwändigen Schwirrflug. Aufgrund ihrer regelmäßigen Blütenbesuche sind Schwebfliegen auch wichtige Bestäuber von Obstbäumen, Beerensträuchern, Gemüse, Blumen und Wildkräutern.

Im Gegensatz zu den relativ einheitlichen Ansprüchen der erwachsenen Tiere an ihre Nahrung, kann die Nahrung der Larven sehr vielfältig sein. Die Larven mancher Arten leben im feuchten Boden, in Schlamm, Jauche oder Tierkot und leben dort von zerfallenen organischen Substanzen. Daneben gibt es auch Arten, deren Larven sich ausschließlich räuberisch, vorzugsweise von Blatt- und Schildläusen, ernähren. Sie spießen ihre Beute mit einem Mundhaken auf und saugen sie danach aus. So können sie im Laufe ihrer zweiwöchigen Larvenzeit bis zu 700 Blattläuse vertilgen. Schwebfliegen zählen damit neben den Marienkäfern zu den bedeutendsten Blattlausfeinden, nicht nur wegen der enormen Gefräßigkeit der Larven, sondern auch, weil sie bereits frühzeitig im Jahr regulierend eingreifen und die Fliegen rasch neue Lebensräume besiedeln können.

FÖRDERUNG

Da Schwebfliegen gerne unter Sträuchern, in Hecken oder Gehölzgruppen überwintern, dürfen solche Lebensräume in keinem Garten fehlen. Blütenreiche Pflanzen mit langen Blühperioden bieten den erwachsenen Fliegen ausreichend Pollen und Nektar. Damit die überwinternden, im Frühjahr ausgehungerten Weibchen überleben können, sollten Frühblüher wie Weiden und Hasel im Garten vorhanden sein.

Filigrane Netzflügler

Auffälligstes Merkmal der Netzflügler (Planipennia) sind ihre großen grünen, manchmal auch braunen, filigranen Flügel. Die typische, netzförmige Flügeladerung macht sie unverwechselbar. Kennzeichnend ist auch, dass die Tiere in Ruhe ihre Flügel dachförmig über den Hinterleib legen. Die für uns wichtigste Familie unter den Netzflüglern ist die der Florfliegen.

Florfliegen – echte Schönheiten

Trotz ihres Namens sind Florfliegen (Chrysopidae) keine echten Fliegen, da sie wie die meisten anderen Insekten vier Flügel haben. Charakteristisch sind die grünliche Färbung der erwachsenen Tiere sowie die auffällig großen, goldglänzenden Augen, daher auch der Name „Goldauge". Florfliegen sind keine guten Flieger, auch wenn sie eine Flügelspannweite von bis zu 35 mm haben können. Ihr Flug wirkt oft unbeholfen, da beide Flügelpaare unabhängig voneinander bewegt werden können.

Räuberische Florfliegenlarve.

Langgestielte Florfliegeneier.

Meister der biologischen Schädlingsregulation

Unter den europäischen Netzflüglern zählt man an die 50 Arten, die entweder als erwachsene Tiere oder als Larven sehr effektive Vertilger von land- und forstwirtschaftlich relevanten Schädlingen sind. Deshalb werden seit vielen Jahrzehnten auch manche Florfliegenarten (z. B. Vertreter der *Chrysoperla carnea*-Gruppe) gezüchtet, um sie gezielt gegen bestimmte Schädlinge im Freiland oder Gewächshaus einzusetzen. Laborversuche haben gezeigt, dass eine einzige Larve der Art *Chrysoperla carnea* während ihrer Entwicklung entweder ca. 1200 Spinnmilben-Eier, 240 Kartoffelkäfer-Eier oder rund 400 Blattläuse fressen kann.

Fortpflanzung & Entwicklung

Florfliegen legen ihre lang gestielten Eier in die Nähe von Blattlauskolonien. Die Stiele dienen als Schutz vor Eiräubern, verhindern aber auch, dass sich die Larven nach dem Schlupf gegenseitig fressen. Unter optimalen Bedingungen kann ein Weibchen bis zu 800 Eier legen.

Die lang gestreckten, spindelförmigen Larven sind gelbbraun bis grau gefärbt mit bräunlichen Längsbändern. Charakteristisch sind die kleinen behaarten Warzen. Nach einer ein- bis dreiwöchigen Entwicklungszeit verpuppen sich die Tiere in einem auffälligen, seidenartigen Gespinstkokon, der an einer Pflanze festgesponnen wird. Je nach Art kann die gesamte Entwicklung von der geschlüpften Larve bis zum erwachsenen Insekt wenige Wochen bis mehrere Jahre betragen. Während dieser Zeit werden mehrere Hundert Blattläuse ausgesaugt. Bisweilen bedecken sich die Larven mit den leeren Blattlaushüllen, um sich vor anderen Raubinsekten zu schützen.

Nahrung

Die meisten erwachsenen Florfliegen ernähren sich von Blattläusen oder anderen kleinen Insekten. Vertreter einiger weniger Arten, wie z. B. die Florfliege *Chrysoperla carnea*, sind Blütenbesucher und bevorzugen Pollen und Nektar, aber auch den Honigtau der Blattläuse.

Florfliegenlarven zählen zu den wichtigsten Blattlausvertilgern überhaupt. Daneben fressen sie aber auch Eier, Larven und ausgewachsene andere Insekten sowie Milben.

Förderung

Florfliegen überwintern gerne in Schuppen, auf Dachböden und an geschützten, kühlen Plätzen in Häusern. Florfliegen, die sich ins Haus verirrt haben, sollte man unbedingt an einen geschützten, aber kühleren Ort bringen. In geheizten Räumen haben sie keine Chance, den Winter zu überleben

Im Handel sind spezielle Florfliegenquartiere erhältlich, die, mit Stroh oder Heu ausgestopft, Überwinterungsmöglichkeiten bieten.

Vielgestaltige Wanzen

Die zahlreichen Arten und Familien innerhalb dieser Gruppe der Wanzen (Heteroptera) sehen sehr unterschiedlich aus. Die meisten erwachsenen Tiere sind unauffällig braun bis grau gefärbt. Nur wenige Arten, wie z. B. die Feuerwanzen *(Pyrrhocoris apterus)*, zeigen eine auffällige Warnfarbe.

Typisch für Wanzen sind ihre charakteristischen Flügel: Während die vorderen zwei Drittel der Vorderflügel ledrig verhärtet und manchmal

Weichwanze mit ihren charakteristischen Flügeln: Der vordere Teil ist ledrig verhärtet, der hintere häutig.

Welt der Wanzen

Die vorwiegend kleinen und zarten **Blumenwanzen** (3-4 mm) sind meistens unauffällig schwarz gefärbt. Sie haben braune Flügel und eine schwarzbraune Zeichnung auf den Flügelenden. Zu ihren bevorzugten Beutetieren gehören die Larven vieler Insekten wie Blattläuse und andere Blattsauger. Die *Orius*-Arten fressen besonders gerne Spinnmilben und deren Eier.

Sichelwanzen leben fast ausschließlich von Blattläusen, verschmähen aber auch andere Insekten nicht. Aufgrund ihrer Größe (bis 12 mm) schaffen sie es sogar, Schmetterlingsraupen zu überwältigen. Man findet Sichelwanzen an Gräsern und Stauden.

Die äußere Gestalt der **Weichwanzen** ist außerordentlich vielfältig, allen gemeinsam ist aber der weiche Körper. Es gibt zahlreiche nützliche Arten unter ihnen, die von Blattläusen und Spinnmilben leben, manche können aber auch Schäden an Pflanzen anrichten. Weichwanzen halten sich gerne auf Bäumen auf, man findet sie aber auch an Kräutern in Bodennähe.

Baumwanzen sind meist sehr robust gebaute Tiere, die bis zu 1,5 cm lang werden können. Unter ihnen gibt es auch viele bunt gefärbte Arten. Alle Baumwanzen vergreifen sich hin und wieder an Raupen, Fliegen und anderen großen Insekten und können so im Garten sehr nützlich sein. Ausgesprochen unbeliebt machen sie sich aber, wenn sie ihre stinkenden Sekrete über Himbeeren, Brombeeren und andere Früchte versprühen.

bunt gefärbt sind, ist der hintere Teil häutig und durchsichtig. Der flache Körper und der stilettartige Saugrüssel, der in Ruhe unter dem Körper getragen wird, sind ebenfalls kennzeichnend für alle Wanzen. Mit dem Saugrüssel können sie sowohl Pflanzen als auch Tiere anstechen und aussaugen.

Wanzen sind berüchtigt für ihren typischen Geruch. Er entsteht, wenn die Tiere bei Bedrohung Sekrete aus einer Stinkdrüse abscheiden. Dieses Sekret ist ein Kontaktgift, das Fressfeinde schädigt und manchmal sogar tötet.

Fortpflanzung & Entwicklung

Die fassförmigen Wanzeneier werden einzeln oder in Gruppen auf einer Blattoberfläche festgeklebt. Die Larven schlüpfen, indem sie am freien Ende des Eies einen Deckel absprengen. Da es sich bei den Wanzen um Insekten mit unvollkommener Verwandlung handelt, sehen die Larven den erwachsenen Tieren bereits sehr ähnlich und haben auch ähnliche Lebensgewohnheiten. Lediglich die Flügel fehlen ihnen.

Je nach Art können pro Jahr eine bis drei Generationen schlüpfen. Wanzen überwintern entweder als erwachsenes Tier oder als Ei gut versteckt an Pflanzen, am Boden in der Streu oder in anderen Verstecken. Ab März verlassen sie ihre Überwinterungsquartiere.

Nahrung

An Pflanzen saugende Wanzen können in landwirtschaftlichen Kulturen großen Schaden anrichten, ein Beispiel ist die Getreidewanze. Räuberische Wanzen sind dagegen willkommene Gäste im Garten, weil viele unter ihnen auch schädliche Insekten und Spinnentiere verzehren. Während des Beutefangs spritzen sie Speichel in ihr Opfer, wodurch dieses einerseits gelähmt wird und sich andererseits der Körperinhalt verflüssigt, sodass er aufgesaugt werden kann.

Wichtige räuberische Wanzen, die gezielt zur biologischen Schädlingsbekämpfung eingesetzt werden können, finden sich unter den Blumenwanzen, Sichelwanzen, Weichwanzen und Baumwanzen.

Unverzichtbare Hautflügler

Neben Käfern und Schmetterlingen bilden die Hautflügler (Hymenoptera) eine der größten Insektenordnungen – etwa ein Viertel aller in Mitteleuropa lebenden Tierarten zählt zu ihnen. Neben pflanzenschädigenden Arten, den sogenannten Pflanzenwespen, gibt es unter den Hautflüglern auch zahlreiche nützliche Arten, wie z. B. Bienen und Hummeln.

Pflanzenwespen erkennt man daran, dass ihr Hinterleib direkt am Bruststück ansetzt. Alle anderen Arten haben eine typische Einschnürung zwischen Brust und Hinterleib, die Wespentaille. Davon abgesehen, können Hautflügler sehr vielgestaltig in Bezug auf Form, Farbe und Größe sein.

Eine Schlupfwespe bohrt ihren langen Legebohrer in einen Ast, um darin fressende Holzschädlinge zu parasitieren.

Als natürliche Gegenspieler von Schädlingen erfüllen vor allem die Schlupfwespen eine wichtige Funktion im Garten. Die Weibchen dieser meist nur wenige Millimeter großen Wespen besitzen am Körperende einen Legebohrer, mit dem sie ihre Eier in anderen Insekten oder Spinnen ablegen. Im Körper der Wirtstiere durchlaufen die parasitischen Larven ihre Entwicklung. Da es kaum eine Insektengruppe gibt, die nicht von Schlupfwespen befallen wird, spielen sie nicht nur im Garten, sondern auch in der Land- und Forstwirtschaft eine wichtige Rolle bei der biologischen Schädlingsbekämpfung. In unseren Breiten gibt es gleich mehrere nützliche Schlupfwespenfamilien, beispielsweise die Echten Schlupfwespen, die Brackwespen und die Blattlausschlupfwespen.

Echte Schlupfwespen

Die mittelgroßen schlanken Schlupfwespen (Ichneumonidae) zeichnen sich meistens durch ihre auffällig bunte Färbung aus. Typisch für alle Arten sind die deutlich sichtbaren dunklen Male auf den Flügeln.

Fortpflanzung & Entwicklung

Die Weibchen der Echten Schlupfwespen legen ihre Eier mit dem Legebohrer in oder auf Eier, Larven oder Puppen anderer Insekten. Die madenähnlichen Larven leben ausschließlich von der Körperflüssigkeit der Wirtstiere, bis sie diese am Ende ihrer Entwicklungszeit abtöten. Da die parasitierten Wirtstiere noch so lange weiterleben und an Pflanzen fressen und saugen, bis die Entwicklung der Schlupfwespenlarve abgeschlossen ist, können sie noch einige Zeit Schaden anrichten.

Ähnlich wie bei den Blattläusen verzichten manche Weibchen bei der Fortpflanzung

Brackwespen

Die 1-10 mm großen Brackwespen (Braconidae) sind unauffällig schwarz oder braun gefärbt und tragen lange, fadenförmige Fühler. In Aussehen und Lebensweise ähneln sie den Echten Schlupfwespen und den Blattlausschlupfwespen.

Brackwespen können alle Entwicklungsstadien von Insekten befallen, meist parasitieren sie jedoch Schmetterlingsraupen wie z. B. Kohlweißlingsraupen (siehe Bild), Käfer-, Wanzen- und Fliegenlarven. In jedem Wirtstier können sich bis zu 150 Brackwespenlarven entwickeln. Die Altlarven der Brackwespen sind gleichzeitig die Überwinterungsstadien.

gänzlich auf die Männchen und vermehren sich ungeschlechtlich durch Jungfernzeugung. Besonders interessant ist auch das Phänomen, dass sich bei manchen Arten ein einziges Ei während der Entwicklungsphase zum Embryo so oft teilen kann, dass daraus mehr als 1000 Larven entstehen.

Die Entwicklungszeit von Larven und Puppen kann wenige Wochen bis einige Monate dauern. Die Larven verpuppen sich entweder im leer gefressenen Wirt oder in einem länglichen, seidigen Kokon außerhalb. Je früher das Beutetier parasitiert wird, desto wirksamer ist der Parasitoid. Eiparasitoide sind daher immer effektiver als Raubparasiten von Larven oder Puppen. Die Wirkung der Schlupfwespen kommt aber meistens erst in der nachfolgenden Schädlingsgeneration zum Tragen, da sich befallene Schädlinge nicht mehr vermehren konnten.

Schlupfwespen können als Larven im Wirtstier oder als erwachsenes, begattetes Weibchen überwintern. Geeignete Überwinterungsquartiere finden sie in der Bodenstreu von Hecken, in Moos, lockerer Rinde oder Grasbüscheln. Männchen, falls überhaupt vorhanden, sterben im Herbst.

NAHRUNG

Ausgewachsene Schlupfwespen ernähren sich von Nektar, Honigtau und Pflanzensäften. Da diese kleinen Wespen nur ganz kurze Mundwerkzeuge zum Auflecken der Nahrung besitzen, bevorzugen sie Blüten, die den Nektar leicht erreichbar und offen anbieten. Besonders gerne besuchen sie deshalb Doldenblütler, zu denen auch viele unserer Küchenkräuter gehören. Die Larven sind wichtige Parasitoide an Schmetterlingsraupen und Larven von Blattwespen, Fliegen und Käfern.

Wildbienen

Wild- oder Solitärbienen sind wichtige Bestäuber unzähliger Blütenpflanzen. Im Gegensatz zu den staatenbildenden Honigbienen, Wespen und Ameisen leben sie solitär, das heißt, sie bauen ihre Nester alleine und ernähren ihre Brut ohne Hilfe von Artgenossinnen. Die Nester werden entweder im Boden oder in altem Holz bzw. in hohlen Pflanzenstängeln angelegt. Ein Nest besteht aus nur wenigen Brutzellen, in die jeweils ein Ei zu einem eingelagerten Nahrungs-

vorrat aus Pollen und Nektar gelegt wird. Nach jeder Eiablage wird die Brutzelle sofort verschlossen. Eine weibliche Solitärbiene legt in ihrem Leben zwischen 10 und 30 solcher Zellen an. Wildbienen sind daher sowohl für die Versorgung der später schlüpfenden Larven als auch für ihre eigene Ernährung auf ein reiches Blütenangebot angewiesen. Sie halten sich nur dort auf, wo sie geeignete klimatische Verhältnisse und ein entsprechendes Angebot an Nahrungspflanzen und Nistplätzen vorfinden. Als Nistgelegenheit eignen sich dürre, markhaltige oder hohle Pflanzenstängel. Bodennester werden an offenen Erdstellen angelegt. Mit für den Nestbau geeigneten Stellen wie Totholz, Trockenmauern und Brombeerhecken an sonnigen Plätzen können Wildbienen in den Garten gelockt werden.

Blattlausschlupfwespen

Blattlausschlupfwespen (Aphidiidae) sind ebenfalls sehr kleine, 2-4 mm lange, schlanke, meist schwarze Tiere. Wie ihr Name andeutet, haben sie sich auf die Parasitierung von Blattläusen spezialisiert. Nachdem das Weibchen ein Ei in die Blattlaus gelegt hat, entwickelt sich die madenförmige Larve im Wirt und ernährt sich von dessen Körperflüssigkeit. Von außen erkennt man parasitierte Blattläuse daran, dass ihr Körper blasig aufgetrieben ist und sich gelblich bis bräunlich verfärbt hat. In diesem Zustand spricht man von mumifizierten Blattläusen. Die Blattlausschlupfwespen verpuppen sich entweder innerhalb der Blattlausmumien oder in einem sockelartigen Kokon unterhalb der Mumie. Nach Abschluss ihrer Entwicklung verlassen sie den Kokon durch ein kleines Loch. Im Hochsommer gibt es mehrere Generationen. Zur Überwinterung bleibt das letzte Larvenstadium der letzten Generation in der Mumie.

Solitär lebende Wildbiene beim Sammeln von Pollen.

Hilfreiche Spinnentiere

Zu den achtbeinigen Spinnentieren (Arachnida) gehören neben den eigentlichen Spinnen auch die Weberknechte sowie die räuberischen Milben. Obwohl es unter den europäischen Spinnen keine wirklich gefährlichen Arten gibt, zählen sie und ihre nächsten Verwandten nicht gerade zu den beliebtesten Tieren. Damit fügt man ihnen aber Unrecht zu, weil die Spinnentiere zum Großteil räuberisch von Insekten leben und dadurch zur Dezimierung von Schädlingen im Garten wesentlich beitragen können.

Weberknecht mit roter Milbe.

Webspinnen

Der Körper der Webspinnen (Araneae) ist deutlich zweigeteilt. Man unterscheidet ein Kopfbruststück und einen ungegliederten Hinterleib, die beide über einen schmalen Stiel miteinander verbunden sind. Am Vorderkörper befinden sich meistens acht Augen und spezielle Mundteile mit Giftdrüsen. Mit dem Gift werden Beutetiere entweder gelähmt, oder ihr Körperinhalt verflüssigt. Am weichhäutigen Hinterleib sitzen bis zu acht Spinnwarzen, aus denen die Spinnfäden herausgezogen werden.

Fortpflanzung

Da die Weibchen deutlich größer und dicker als die Männchen sind, muss das Männchen bei der Begattung sehr vorsichtig vorgehen, um nicht selbst zur Beute zu werden. Die Lebensdauer der Männchen nach der Begattung ist aber ohnehin nicht mehr sehr hoch.

Die Eier werden in Kokons abgelegt, die von den Weibchen herumgetragen oder zumindest bewacht werden. Bei vielen Spinnenarten versorgen die Weibchen die geschlüpften Jungspinnen auch noch einige Zeit mit Nahrung. Meistens überwintern die Jungspinnen.

Ernährung

Spinnen ernähren sich hauptsächlich von Fliegen, Mücken und Blattläusen. Obwohl sie hinsichtlich ihrer Beutetiere nicht zwischen Nützlingen und Schädlingen unterscheiden, können sie in Abhängigkeit vom Beuteangebot Schädlinge stark reduzieren. Je nach Standort können in einem Spinnennetz mehrere Hundert Blattläuse gefangen werden. Neben den Netzspinnen gibt es auch solche, die ihrer Beute auflauern oder sie am Boden jagen.

Weberknechte

Weberknechte (Opiliones) unterscheiden sich von den Spinnen durch ihren länglichen, einteiligen Körper. Zusätzlich fehlen ihnen auch die typischen Spinnwarzen auf ihrem deutlich gegliederten Hinterleib. Unübersehbar sind die extrem langen Beine. Bei Gefahr können sie sogar ein Bein abwerfen, das dann noch einige Zeit weiterzuckend einen möglichen Fressfeind ablenken soll. Weberknechte halten sich gerne in der Bodenstreu und der Krautschicht auf, gelegentlich klettern sie auch auf Bäume. Da die meisten Arten in Bodennähe leben, legen die Weibchen ihre Eier in Bodenritzen und -spalten. Die Tiere leben vorwiegend von toten oder sich nur langsam fortbewegenden Insekten wie Blattläusen, Milben und kleinen Spinnen.

Raubmilben

Die achtbeinigen Milben (Acari) haben einen gedrungenen, länglich bis sackförmigen Körper und werden selten größer als 1 mm. Die räuberischen Vertreter unter ihnen sind bekannt dafür, dass sie pflanzenfressende Milben, vor allem Spinnmilben, Springschwänze, Thripse und Insekteneier fressen. Für den biologischen Pflanzenschutz ist besonders die Familie der Phytoseiidae von Bedeutung, da diese Tiere gezüchtet und im Glashaus oder im Freiland auf mit Spinnmilben befallenen Pflanzen ausgebracht werden können. Die nur 0,3-0,5 mm großen Tiere halten sich meist auf der Blattunterseite auf. Sind genügend Spinnmilben vorhanden, stechen sie diese nur kurz an, um sich bald danach wieder einem anderen Tier zuzuwenden. Bei geringer Zahl an Beutetieren werden die Spinnmilben ganz ausgesaugt. In jedem Fall endet der Kontakt für die Spinnmilben tödlich.

Fortpflanzung

Raubmilbenweibchen können sich nicht wie Blattläuse ungeschlechtlich vermehren, sondern müssen immer befruchtet werden. Aus den Eiern schlüpfen Larven, die sich über drei weitere Larvenstadien zum erwachsenen Tier entwickeln. Da die Vermehrungsrate der Raubmilben von der Menge der aufgenommenen Nahrung gesteuert wird, haben sie eine stark regulierende Wirkung auf Schädlingspopulationen. Raubmilben können pro Tag bis zu 20 Spinnmilben töten und fressen.

Pro Jahr entwickeln sich bei uns vier Generationen. Die erwachsenen, befruchteten Weibchen überwintern in Rindenritzen, Spalten oder unter Knospenschuppen.

Raubmilbe überwältigt eine kleine Blattlaus.

Amphibien und Reptilien

Im Vergleich zu den Amphibien und Reptilien spielen Insekten und Spinnen rein zahlenmäßig sicherlich eine größere Rolle als natürliche Gegenspieler von Schädlingen. Daneben leben aber in jedem Garten, wenn auch in geringerer Zahl, nützliche Wirbeltiere. Bietet der Garten alle Voraussetzungen, finden sich mit der Zeit auch Frösche, Kröten und Eidechsen ein.

Gemeinsamkeiten und Unterschiede

Gemeinsames Kennzeichen der Amphibien und Reptilien ist, dass beide Tiergruppen wechselwarm sind. Das bedeutet, dass ihre Körpertemperatur weitgehend von ihrer Umgebung abhängig ist. Ein entscheidender Unterschied liegt jedoch in der Beschaffenheit der Haut. Während Frösche und Kröten eine drüsenreiche, nackte und glatte bis warzige Haut besitzen, ist die Haut von Reptilien mit Schuppen und Hornplatten geschützt. Weder Amphibien noch Reptilien sind Nahrungsspezialisten, sie bejagen sowohl Schädlinge als auch Nützlinge.

Frösche und Kröten

Innerhalb der Amphibien oder Lurche unterscheidet man drei Gruppen: die Blindwühlen, die Schwanzlurche (Salamander und Molche) und die Froschlurche (im weitesten Sinne die Frösche und Kröten). Das Leben der Amphibien spielt sich sowohl im Wasser als auch auf dem Land ab. Ist ein Teich im Garten, kann man sie mit etwas Glück anlocken, da sich ihre Larven, die Kaulquappen, im Wasser entwickeln.

Laichgewässer

Die Fortpflanzung der Amphibien ist an das Wasser gebunden. Im Frühjahr legen die Weibchen ihre Eier in Form von Laichschnüren im Wasser ab. Daraus schlüpfen kiementragende Kaulquappen, die im Laufe ihrer Entwicklung eine Verwandlung zu lungenatmenden Fröschen oder Kröten durchmachen. Dabei werden die Kiemen durch Lungen ersetzt, und an die Stelle von Flossensaum und Ruderschwanz, die den Kaulquappen die Bewegung im Wasser ermöglichen, treten Beine. So können die erwachsenen Tiere das Wasser verlassen und den Lebensraum Land erobern. Von nun an kommen sie nur noch zur Fortpflanzungszeit an das Gewässer zurück.

Lebensweise

Amphibien sind aufgrund ihrer kaum verhornten, drüsenreichen Haut nur unzureichend gegen Austrocknung geschützt, weswegen sie sich gerne an Orten mit hoher Luftfeuchtigkeit aufhalten. Da die Luftfeuchtigkeit ab abends höher ist, werden sie um diese Zeit aktiv.

Ob Frösche, Kröten oder Molche in den Garten einwandern und sich dort ansiedeln, hängt davon ab, ob ein Teich oder eine Wasserstelle vorhanden ist.

Erdkröte

Am ehesten wird man im Garten die unauffälligen braungrauen Erdkröten *(Bufo bufo)* zu Gesicht bekommen. Sie sind die größten europäischen Kröten und wichtige Helfer im Garten, weil sie gerne Nacktschnecken verspeisen.

FORTPFLANZUNG & ENTWICKLUNG

Zeitig im Frühjahr wandern Erdkröten in großer Zahl zu ihren angestammten Laichgewässern, wo die Weibchen nach der Paarung ihre 3-5 m langen Laichschnüre unter Wasser an Pflanzen in Ufernähe heften. Dort entwickeln sich die befruchteten Eier zu Junglarven, die bis Ende Juli/Anfang August ihre Verwandlung zu etwa 1 cm großen Jungkröten abschließen. Die erwachsenen Tiere verbringen den Sommer in ihren Sommerrevieren in der näheren Umgebung der Laichgewässer, verstecken sich aber tagsüber in Erdhöhlen, unter Laubstreu und Steinen oder in der Mulchschicht. Während ihrer nächtlichen Streifzüge erbeuten sie Insekten und deren Larven, Schnecken und Spinnen. Etwa im Oktober machen sie sich auf die Suche nach einem frostfreien Winterquartier, meist Bodenverstecke, in denen sie die kalte Jahrszeit überdauern, bevor sie im Frühjahr wieder zu den Laichplätzen zurückkehren.

NATÜRLICHE FEINDE

Fische, andere Amphibien und Reptilien, aber auch Insekten und deren Larven machen Jagd auf die Kaulquappen. Die erwachsenen Kröten werden vor allem von Fuchs, Dachs und Igel bedroht, Krähen und Elstern zählen ebenfalls zu

Eine junge Erdkröte *(Bufo bufo)*.

ihren natürlichen Feinden. Während der Krötenwanderungen zu den Laichgewässern fordert vor allem der Straßenverkehr viele Todesopfer.

FÖRDERUNG

Im Garten bieten verwilderte Ecken, Laubhaufen, Steinhaufen und hohle Baumstämme gute Versteckmöglichkeiten.

Wasser- und Teichfrösche

Befindet sich ein Teich im Garten, dauert es nicht lange, bis man die ersten Frösche beobachten kann. Meist handelt es sich um Wasserfrösche *(Rana lessonae)* oder Teichfrösche *(Rana kl. esculenta)*, die aufgrund ihrer grünen bzw. grünlichbraunen Färbung gemeinsam mit den in Altwässern vorkommenden Seefröschen *(Rana ridibunda)* als Grünfrösche zusammengefasst werden. Auffälliges Merkmal der Grünfrösche sind die zwei Schallblasen, die die Männchen seitlich am Kopf ausstülpen, wenn sie ihre lauten Paarungsrufe ausstoßen. Die Balz- und Paarungszeit und damit die typischen Froschkonzerte beginnen gegen Ende April und dauern bis in die Sommermonate. Grünfrösche verbringen das ganze Jahr am oder im Gewässer. Sie ernähren sich von Würmern, Insekten und Schnecken, und sind dadurch gern gesehene Helfer im Garten. Sie überwintern im schlammigen Grund der Teiche.

Reptilien

Zu den Reptilien gehören Schildkröten, Eidechsen, Blindschleichen und Schlangen. Im Gegen-

Frösche und Kröten im Gartenteich:

Mit ein bisschen Geduld siedeln sich Amphibien meist von allein im Gartenteich an. In der Regel wird man drei leicht voneinander unterscheidbare Gruppen beobachten können:

- **Erdkröten:** große bräunlich-gräuliche Tiere mit sehr warziger Haut.
- **Grünfrösche:** grünlich gefärbte, ruffreudige Frösche mit zwei Schallblasen. Der Seefrosch ist doppelt so groß wie der Wasserfrosch (siehe Bild). Der Teichfrosch, eine Kreuzung von Wasser- und Seefrosch, nimmt eine Zwischengröße ein.
- **Braunfrösche:** Frösche mit einer typischen bräunlichen Grundfärbung und einem auffälligen braunen Fleck hinter jedem Auge. Bei uns am häufigsten ist der Grasfrosch.

Zauneidechse mit ihren farbenprächtigen Hautschuppen.

satz zu Amphibien sind sie in ihrer Entwicklung unabhängig vom Wasser und vollständig an das Landleben angepasst. Dies ist möglich, da ihre Haut durch Hornschuppen vor Austrocknung geschützt wird. Weil die starre Reptilienhaut während des Wachstums der Tiere nicht mitwachsen kann, muss sie von Zeit zu Zeit abgestreift werden, um einer neuen, größeren Haut Platz zu machen. Die meisten Reptilien legen Eier, die von der Sonne bzw. der Umgebungswärme erbrütet werden müssen.

Eidechsen

Eidechsen kann man am ehesten in ländlich gelegenen Gärten beobachten. Voraussetzung sind von der Sonne beschienene warme Plätze wie Natursteinmauern, Steinhaufen oder sonnige Böschungen, die von den tagaktiven Zauneidechsen *(Lacerta agilis)* oder Mauereidechsen *(Lacerta muralis)* gerne zum Aufwärmen aufgesucht werden.

Mit trockenem Holz, vegetationsfreien Stellen am Boden, unverfugten Steinmauern oder Haufen aus trockenem Gras und Laub kann man in naturnahen Gärten Kleinstlebensräume schaffen, in denen sich Eidechsen und auch Blindschleichen wohl fühlen. Eidechsen überwintern in Erdspalten und -löchern.

Blindschleichen

Blindschleichen sehen auf den ersten Blick zwar aus wie Schlangen, es handelt sich aber um beinlose Eidechsen. Auch Blindschleichen sind fleißige Jäger von Insekten und deren Larven sowie Schnecken und Würmern. Sie werden es den Gartenbesitzern danken, wenn sie ihnen Unterschlupfmöglichkeiten in Form von Steinhaufen oder Holzstapeln anbieten. Vorsicht ist beim Sensen oder Mähen von hohem Gras geboten, da die Tiere sich bisweilen hier aufhalten.

Vögel – eifrige Gartenhelfer

Als ursprüngliche Waldbewohner halten sich Vögel gerne in baum- und strauchreichen Gärten auf. Sie zählen zu den eifrigsten Helfern im Garten, wenn es um das Vertilgen von schädlichen Insekten geht. Sogar Vögel wie der Buchfink, die eigentlich Pflanzen- und Samenfresser sind, füttern ihre Jungen fast ausschließlich mit einem Brei aus Insektenlarven und Blattläusen, die sie auf Wiesen, Bäumen und Sträuchern, aber auch im Hausgarten aufsammeln. Es zahlt sich daher für jeden Gartenbesitzer aus, Vögel anzulocken und dauerhaft an den Garten zu binden.

Vogelfreundliche Gärten

Damit sich Vögel im Garten ansiedeln können, brauchen sie ein ausreichend großes Revier für die Nahrungssuche. Das gilt besonders im Frühling, wenn für die Aufzucht der Jungen zahlreiche Insekten herangeschafft werden müssen. Die Mindestgröße eines Kohlmeisenreviers beträgt rund 3000 Quadratmeter, wobei die Meisenfamilie diese Fläche normalerweise mit anderen Vogelarten teilt. Einzelne Gärten dürfen daher nicht isoliert, sondern immer im Verbund mit anderen Gärten betrachtet werden. Für die Herbst- und Wintermonate sollten Gehölze ein reiches Angebot an Beeren und Früchten zur Verfügung stellen.

Allerweltsarten und Alleskönner unter unseren Vögel wie Kohlmeise, Haussperling, Buchfink, Mönchsgrasmücke und Amsel lassen sich leicht in den Garten locken. Spezialisierte Vogelarten dagegen kann man nur in sehr begrenztem Umfang fördern.

Kohl- und Blaumeisen

Meisen bleiben auch den Winter über im Garten. Sie nisten in Höhlen. Mauerspalten und hohlen Bäumen, wo sie ihre Nester aus Moos, Haaren und feinen Federn bauen. Das Weibchen legt Ende April seine Eier. Meisen ernähren sich meist von Insekten, darunter hauptsächlich Raupen, Wanzen und Blattläuse. Zeitweise stehen auch Früchte, Samen und Knospen auf ihrem Speisezettel.

Rotschwänze

Rotschwänze sammeln ebenfalls Larven und erwachsene Tiere von Schmetterlingen, Fliegen, Wespen, Käfern und Heuschrecken von Pflanzen ab. Da sie jedoch noch häufiger fliegende Insekten jagen, können sie so manche Schädlinge auch noch in einem späteren Entwicklungsstadium erbeuten als beispielsweise die Meisen.

Amseln

Sie bauen in Hecken, Sträuchern, Holzstößen, Mauerspalten und in Fassadenbewuchs ihre kunstvollen Nester aus Halmen, die sie mit Lehm und weichem Erdmaterial verkleben. Oft beginnen sie schon Mitte März mit der Eiablage. Je nach Witterung sind zwei bis drei Bruten pro Jahr möglich. Im Frühjahr und

Höhlenbrüter

Die meisten Gartenvögel sind Höhlenbrüter oder Halbhöhlenbrüter, die ihre Nester in hohlen Bäumen und anderen natürlichen Höhlen anlegen. Zu ihnen zählen z. B. Meisen, Spechte, Haussperling, Feldsperling, Kleiber und Wendehals. Neben ausreichend Futterquellen benötigen Höhlenbrüter für die Aufzucht ihrer Jungen geeignete Brutplätze. Fehlen Altholzbestände und natürliche Höhlen, kann man mit künstlichen Nistkästen brauchbaren Ersatz schaffen.

Freibrüter

Freibrüter bauen ihre Nestmulden auf Astgabeln in Bäumen und Sträuchern. Sie benötigen also keine zusätzlichen Nisthilfen in Form von Kästen. Wichtig ist lediglich ein Garten mit Gehölzen, wo sie einen sicheren Platz zur Aufzucht ihrer Jungen finden können. Um Freibrütern den Nestbau zu ermöglichen, sollte es vermieden werden, Bäume und Sträucher zu stark auszulichten.
Beispiele für Freibrüter sind Amseln, Buchfink, Gartengrasmücke, Gartenrotschwanz, Klappergrasmücke, Mönchsgrasmücke, Grünfink, Zaunkönig, Rotkehlchen, Heckenbraunelle, Fitis und Zilpzalp. Die Grasmücken sind wichtige insektenfressende Vögel an Obstbäumen, wo sie schädliche Insekten und Milben von den Bäumen ablesen.

Sommer ernähren Amseln sich hauptsächlich von tierischer Kost wie Regenwürmern, Insektenlarven und anderen Kleintieren am Boden. Im Spätsommer und Herbst, wenn Bäume und Sträucher Beeren und Früchte tragen, wechseln sie zu pflanzlicher Kost, bevorzugt Beeren von Holunder, Kornelkirsche, Liguster, Vogelbeere, Efeu und Berberitze. Amseln bleiben zum Teil den Winter über in unseren Breiten.

Buntspechte

In Gärten mit alten Baumbeständen kann man mit einem Besuch von Buntspechten rechnen. Spechte erfüllen im Garten eine doppelte Funktion. Einerseits zimmern sie in Bäume mit einem ausreichenden Durchmesser Höhlen, die später auch von anderen Höhlenbrütern benutzt werden können. Andererseits können sie im Gegensatz zu anderen insektenfressenden Vogelarten Insekten unter der Rinde der Bäume hervorholen.

Ab Mai werden in den selbst gebauten Höhlen die glänzend weißen Eier abgelegt. Außer von Insekten ernähren sich Buntspechte auch von Obst und Beeren, im Herbst vor allem von Eicheln und anderen Baumfrüchten. Samen von Nadelbäumen sind ebenfalls eine beliebte Kost. Spechte überwintern bei uns.

Buntspecht

Insektenfressende Säugetiere

Insektenfresser (Insectivora) zählen zu den urtümlichsten Säugetieren, die in dieser Form schon vor mehr als 100 Millionen Jahren auf der Erde lebten. Sie sind überwiegend nachtaktiv und stöbern mit ihrer rüsselförmig verlängerten Schnauze Insekten und deren Larven, aber auch Spinnen, Asseln, Tausendfüßer und andere Kleintiere auf. Dabei kommt ihnen ihr ausgezeichneter Tast-, Geruchs- und Hörsinn zugute. Zu den bekanntesten mitteleuropäischen Vertretern zählen Igel, Spitzmäuse und Maulwürfe.

Wehrhafte Igel

Mit einer Länge von 25-30 cm gehören die Igel zu den größten lebenden Vertretern der Insektenfresser. Ihr typisches Kennzeichen sind die spitzen Stacheln, die sie auf Kopf und Rücken tragen. Es handelt sich dabei um umgebildete Haare. Ein ausgewachsener Igel kann bis zu 7000 Stacheln haben. Ein kräftiger Muskel, der rund um den Rücken verläuft, ermöglicht es den Igeln die Stacheln aufzustellen und die verwundbaren Körperteile darunter zu verbergen. Es ist eine sehr wirkungsvolle Methode, Fressfeinde vor tätlichen Angriffen abzuhalten. Der Rest des Körpers ist von einem ganz gewöhnlichen Haarkleid bedeckt.

Lebensweise

Igel sind dämmerungs- und nachtaktive Einzelgänger, die während ihrer nächtlichen Beutezüge durch ihr Schnaufen und Schmatzen auf sich aufmerksam machen. Mit ihrem guten Geruchssinn und dem ausgeprägten Gehör, das Geräusche bis zur Ultraschallgrenze wahrnimmt, fällt es ihnen nicht schwer, Insekten, Raupen und Engerlinge aufzuspüren und zu vertilgen. Sie stellen aber auch Schnecken, Regenwürmern und sogar frisch geborenen Mäusen nach. Im Herbst naschen sie gerne an reifem Obst.

Während der Nahrungssuche durchstreifen Igel recht große Areale. Während die Weibchen mit Revieren von bis zu 30 ha ihr Auskommen finden, durchwandern Männchen Gebiete bis zu einer Größe von 100 ha.

Igel sind im Allgemeinen recht standorttreu. Wird in ihrem Lebensraum jedoch die Nahrung knapp oder finden sie keinen Geschlechtspartner, können sie auch ihre Revier verlassen und auswandern.

Je nach Witterung halten Igel von Oktober/November bis März/April Winterschlaf. Sie überwintern bevorzugt in Erdhöhlen, die meist nicht tiefer als 30 cm sind. Igel können in der freien Natur drei bis vier Jahre alt werden.

Fortpflanzung & Entwicklung

Die Paarungszeit der Igel liegt zwischen April und August. Während der Paarungszeremonie umkreist das Männchen das Weibchen unermüdlich, was zur Bezeichnung „Igelkarussell" geführt hat. Nach einer Tragzeit von etwa fünf Wochen bringen die Weibchen zwei bis sechs blinde Junge zur Welt. Die Igelbabys haben schon bei der Geburt Stacheln, die aber noch ganz weich sind. Die kleinen Igel werden zwei Monate lang von der Mutter gesäugt und halten sich während dieser Zeit vorwiegend in ihrem weich gepolsterten Nest auf, das aus Blättern, Gras und Moos besteht. Danach sind sie selbstständig genug, um das Nest zu verlassen und ihre eigenen Wege zu gehen.

Natürliche Feinde

Ihre Stacheln bewahren Igel weitgehend vor Angriffen von Fressfeinden, dennoch fallen sie immer wieder Füchsen, Dachsen, Mardern und Greifvögeln zum Opfer. Da Körperpflege für Igel aufgrund ihres Stachelkleides etwas problematisch ist und über Kratzen und Stachelschütteln nicht hinausgeht, leiden sie häufig unter Parasiten wie Zecken, Flöhen und Milben.

Förderung

Igel finden überall dort ein Zuhause, wo es genügend Futter und Versteckmöglichkeiten für sie gibt. Sie bevorzugen kleinräumige, abwechslungsreiche Gärten mit Gebüschen, Laubbäumen und Staudendickichten. In allzu gepflegten Gartenanlagen mit unüberwindbaren Zäunen finden sie selten einen geeigneten Lebensraum. Einfache Reisighaufen, höhlenreiche Steinhaufen oder Hecken dienen als Unterschlupf oder als Kinderstube.

Igel: Nur die Rückenhaare sind zu spitzen Stacheln umgewandelt.

Die spitz zulaufende Nase unterscheidet die Spitzmaus eindeutig von den echten Mäusen.

Spitzmäuse

Wie Igel gehören auch Spitzmäuse zu den Insektenfressern. Ihren Namen verdanken sie der mausartigen Gestalt und ihrer rüsselförmigen Nase. In Europa kommen 17 verschiedene Arten vor, wobei sich in unseren Gärten hauptsächlich Hausspitzmaus und Feldspitzmaus aufhalten. Beide Arten ähneln sich in Größe und Lebensweise.

Lebensweise

Spitzmäuse sind tag- und nachtaktive Tiere, die im Gegensatz zu anderen Insektenfressern keinen Winterschlaf halten, sondern nur kurze Ruheperioden einlegen. Zu ihren bevorzugten Beutetieren zählen Insekten und deren Larven, wie z.B. Engerlinge und Drahtwürmer. Zusätzlich fressen sie Schnecken, kleine Wirbeltiere und Aas, gelegentlich verspeisen sie auch Samen. Da Spitzmäuse keine Nahrungsspezialisten sind, richtet sich ihre Nahrung überwiegend nach dem Angebot an Beutetieren, wodurch sie beispielsweise bei einem starken Schädlingsbefall auf das üppige Angebot reagieren können und regulierend ins System eingreifen. Förderlich für die Schädlingsregulation ist auch, dass Spitzmäuse mit ihren 6-9 cm Körperlänge zu den kleinsten vorkommenden Säugetieren zählen. Da kleine Tiere eine im Verhältnis zum Körpervolumen große Oberfläche haben, geben sie über ihre Haut sehr viel Wärme und damit Energie ab. Ihr Energieumsatz pro Gramm Körpergewicht ist daher viel größer als es bei großen Säugern der Fall ist. Um diesen Energiebedarf zu decken, müssen Spitzmäuse pro Tag oft mehr als das eigene Körpergewicht an Beutetieren fressen.

Fortpflanzung & Entwicklung

Die Paarungszeit der Spitzmäuse dauert von März bis September. Nach einer Tragezeit von vier bis fünf Wochen bringt das Weibchen in einer weich ausgepolsterten Wohnhöhle drei bis acht winzige, nackte und blinde Junge zur Welt. Das Geburtsgewicht von Hausspitzmäusen beträgt nicht mehr als ein Gramm. Das Weibchen säugt die Jungen etwa vier Wochen lang. Danach verlassen die Jungtiere das Nest und suchen sich ein eigenes Revier. Ein Weibchen kann zwei- bis viermal pro Jahr Junge zur Welt bringen.

Natürliche Feinde

Spitzmäuse werden hauptsächlich von Greifvögeln erfolgreich angegriffen. Andere Raubtiere, wie beispielsweise Katzen, lauern ihnen zwar auf und beißen sie gelegentlich auch tot, fressen sie aber in den meisten Fällen nicht auf. Der Grund dafür sind vermutlich spezielle Hautdrüsen der Spitzmäuse, aus denen sie stark nach Moschus riechende Sekrete absondern. Spitzmäuse setzen diese normalerweise ein, um ihre Nester und Territorien zu markieren. Für Fressfeinde schmecken sie wahrscheinlich so unangenehm, dass sie von der Beute ablassen.

Förderung

Spitzmäuse brauchen Lebensräume mit vielen Schlupfwinkeln, die ihnen Schutz vor Feinden bieten. In naturnahen Gärten können sie in Reisig- und Komposthaufen sowie in Höhlungen von Altholz oder Steinhaufen Unterschlupf finden.

Schädlinge und ihre natürlichen Gegenspieler

Schädliche Lebewesen	Ihre wichtigsten natürlichen Gegenspieler
Mikroorganismen	andere Mikroorganismen; bei Pilzen auch Ohrwürmer, Raubmilben, Marienkäfer
Schnecken	Spitzmäuse, Igel, Eidechsen, Kröten, Käfer
Spinn- und Gallmilben	Raubmilben, Blumenwanzen, Gallmücken
Maulwurfsgrille	Spitzmäuse
Blattsauger und Zikaden	Blumenwanzen, Spinnen, Schlupfwespen
Blatt- und Blutläuse	Marienkäfer, Schwebfliegen, Florfliegen, Schlupfwespen, Wanzen
Schildläuse	Schlupfwespen, Marienkäfer, Netzflügler
Mottenschildläuse („Weiße Fliegen")	Schlupfwespe *Encarsia formosa*, Spinnen
Käfer	Schlupfwespen, Spitzmäuse, Igel, Vögel
Blattwespen und Schmetterlinge	Schlupfwespen, Spitzmäuse, Igel, Fledermäuse, Vögel
Fliegen	Schlupfwespen, Spinnen, Laufkäfer, Kurzflügelkäfer
Mücken	Spinnen, Fische
Singvögel	Greifvögel, Eulen
Mäuse	Greifvögel, Eulen, Spitzmäuse

Für alle Lebewesen können Mikroorganismen wichtige natürliche Begrenzungsfaktoren sein.

Lebensräume gestalten

Alle Lebewesen stellen an ihre Umwelt bestimmte Ansprüche. Erst wenn in einem Garten ihre Grundbedürfnisse erfüllt sind, werden sie sich dort wohl fühlen und dauerhaft ansiedeln. Dabei können wir ihnen helfen. Durch eine möglichst vielfältige, naturnahe Gartengestaltung entstehen geeignete Kleinstlebensräume für viele verschiedene Tierarten. Um Nützlinge zu unterstützen, braucht es oft nicht viel mehr, als ihnen ausreichend Nahrung zu bieten und genügend ungestörte Rückzugs- und Überwinterungsplätze zu schaffen.

Natur ist Vielfalt

Naturnahe Gärten bieten Lebensräume für zahlreiche Lebewesen. Kennen wir die Lebensgewohnheiten, Vorlieben und Bedürfnisse einzelner Tiergruppen, ist oft nur ein geringer Aufwand notwendig, um ihre Ansprüche an die Umwelt zu erfüllen und den Garten für diese fleißigen Helfer attraktiv zu gestalten.

Pflanzenauswahl und -kombination

Das natürliche Nahrungsangebot entscheidet darüber, welche und wie viele Tierarten im Garten ihr Auskommen finden können. In den meisten Fällen reicht es schon aus, so viele Pflanzenarten mit unterschiedlichen Blütezeiten zu pflanzen wie möglich. Dann steht während der ganzen Vegetationszeit Nahrung in Form von Pollen, Nektar, Blättern und auf den Pflanzen lebender Alternativbeute zur Verfügung.

Durch die geschickte Kombination der Pflanzenarten und -sorten kann die Menge der vorhandenen Nahrung und deren Verfügbarkeit im Jahr gesteuert werden. Dann wird es nur noch in Ausnahmefällen notwendig sein, wild lebenden Tiere zusätzliches Futter anzubieten.

Blühzeitpunkt

Viele Nützlinge brauchen zum Überleben Blütenpollen und Nektar. Sie sind auf ein reiches Blütenangebot angewiesen. Je nachdem, wann die Tiere im Laufe des Jahres aktiv sind, benötigen sie zu unterschiedlichen Zeiten im Jahr bestimmte Nahrungsquellen. Schlupfwespen, Florfliegen und Schwebfliegen können z. B. im Frühjahr nur dann die maximal mögliche Anzahl an Eiern legen, wenn sie schon zu diesem Zeitpunkt ausreichend Nahrung vorfinden. Das ist besonders wichtig, da es von der Frühjahrsbrut abhängt, wie stark Schädlinge sich im Laufe des Jahres vermehren können. Um gewährleisten zu können, dass sowohl „frühe" als auch „späte" Tierarten mit ausreichend Blütennahrung versorgt sind, müssen über einen möglichst langen Zeitraum Blüten im Garten vorhanden sein. Auch die Blütenfarben spielen dabei eine Rolle, da unterschiedliche Tierarten von unterschiedlichen Farben angelockt werden.

Wildhecken bieten Lebensraum und Nahrung für heimische Tierarten.

Was Nützlinge brauchen

Obwohl die einzelnen Nützlingsarten bei genauer Betrachtung sehr unterschiedliche Ansprüche an ihren Lebensraum stellen, haben sie alle die gleichen Grundbedürfnisse:

- ausreichend Nahrung für alle Entwicklungsstadien,
- geeignete Plätze zur Fortpflanzung (Nist- und Brutplätze),
- sichere Rückzugsräume und Versteckmöglichkeiten,
- geschützte Überwinterungsquartiere.

Um diese Grundbedürfnisse zu erfüllen genügt es in den meisten Fällen schon, die Pflanzenvielfalt und dadurch den Strukturreichtum im Garten zu erhöhen.

Pflanzenfamilien

Jede Pflanzenfamilie und -art hat für sie typische und charakteristische Merkmale, die von spezialisierten Insekten ganz unterschiedlich genutzt werden. Parasitische Hautflügler können beispielsweise wegen ihrer kurzen Mundwerkzeuge nur Blüten mit offen dargebotenem Nektar nutzen. Solche finden sich z. B. in der Familie der Doldenblütler. Grundregel auch hier: Möglichst viele Pflanzen aus möglichst unterschiedlichen Pflanzenfamilien im Garten ansiedeln.

Vogelnährgehölze

Die Früchte vieler Sträucher und Bäume sind während der Herbst- und Wintermonate eine wertvolle Futterquelle für Vögel. Ökologisch besonders wertvolle Arten wie z. B. die Vogelbeere oder der Sanddorn, die im Spätsommer und Herbst reichlich Früchte bilden, sollten daher in keinem naturnahen Garten fehlen. Die Früchte exotischer Ziergehölze werden dagegen von unseren heimischen Vogelarten verschmäht. Aus diesem Grund sollten im Garten bevorzugt heimische Bäume und Sträucher gepflanzt werden.

Stukturreichtum

Die Weichen für die Schaffung komplexer Lebensgemeinschaften werden bei der Gartenplanung gestellt. Mischt man z. B. offene Wiesenbereiche mit dichten Gebüschen und darüber hinausragenden Bäumen, entwickeln sich mehrschichtige Lebensräume. Trockenmauern, Reisig- und Laubhaufen, Hecken und Wasserstellen bieten den nützlichen Gartenhelfern Versteckmöglichkeiten, Rückzugsräume und Überwinterungsquartiere.

Letztendlich ist auch die Bepflanzung für die Strukturvielfalt eines Gartens maßgeblich. Dazu gehört auch etwas Mut zur Unordnung. Wild wachsende Pflanzen, abgeblühte Stauden, herabgefallenes Laub, der Steinhaufen und die Brennnesselecke sollten den Gartenbesitzer nicht stören.

Futterquelle Pflanzen

Wie attraktiv ein Garten für Insekten, Vögel und Säugetiere ist, hängt maßgeblich von den darin wachsenden Pflanzen ab. Je vielfältiger und abwechslungsreicher er gestaltet ist, desto mehr unterschiedliche Tierarten finden hier geeignete Lebensbedingungen vor. Im naturnahen Garten stehen dabei einheimische Kräuter, Sträucher und Bäume im Vordergrund. Diese bieten Nahrung für heimische Tiere, exotische und hochgezüchtete Pflanzen haben geringe Bedeutung als Futterpflanze für Nützlinge

Wildwuchs tolerieren

Wildkräuter werden oft nur als Licht-, Wasser- und Nährstoffkonkurrenten der Kulturpflanzen wahrgenommen. Im naturnahen Garten kommt

Pflanzenvielfalt

Zur Erhöhung der Pflanzenvielfalt und damit des Nahrungsangebots für Nützlinge bieten sich mehrere Möglichkeiten an:

- Wildkräuter („Unkraut") im Garten tolerieren.
- Blumenwiesen anlegen oder einfach kleine Flecken im Garten verwildern lassen.
- Mischkulturen mit vielen Blütenpflanzen im Nutzgarten.
- Streifen mit blühenden Wildblumen anpflanzen.
- Laubhecken und Bäume pflanzen.

ihnen aber eine wichtige Funktionen im Zusammenhang mit dem biologischen Gleichgewicht zu. Sie bedecken und schützen den Boden und bieten dadurch Bodentieren Unterschlupf. Da unter den Wildpflanzen viele Frühjahrsblüher sind, bieten sie überwinternden Nützlingen die erste Frühjahrsnahrung in Form von Blütenpollen und Nektar. Außerdem sind manche Pflanzen wie Brennnesseln und Disteln Futterpflanzen für die Raupen mancher Schmetterlinge.

Obwohl manche spontan aufkommende Wildkräuter auch Wirtspflanzen von Schädlingen sein können, sollte man sie nur entfernen, wenn sie zu einer Massenvermehrung neigen.

Blumenwiese statt Rasen

Steht im Garten eine größere Fläche zur Verfügung, lohnt sich die Anlage einer Blumenwiese. Auch ein schon bestehender Rasen kann mit der Zeit und etwas Geduld in eine Wiese umgewandelt werden. Der erste Schritt dafür ist, nur noch ein- bis zweimal im Jahr zu mähen. Außerdem darf nicht mehr gedüngt werden. Den Rest erledigt die Natur, nach und nach werden sich Wildkräuter ansiedeln. Dies erfordert jedoch etwas Geduld, da die neu entstehende Pflanzengemeinschaft natürlich stark von der Pflanzenvielfalt des Gartenumfeldes abhängt. Auch muss der Wiesenboden in den ersten Jahren erst ausmagern, damit sich wild wachsende Kräuter und Blumen gegen die schnellwüchsigen Gräser durchsetzen können.

Wem dies nicht schnell genug geht, der kann auf geeignete Saatgutmischungen für Blumenwiesen zurückgreifen. Es gilt aber zu bedenken, dass die Pflanzenzusammensetzung von handelsüblichem Saatgut selten der natürlichen Artengemeinschaft am Standort entspricht.

Blumenwiesen bieten ein vielfältiges Blütenangebot für Nützlinge.

Mischkulturen und Blühstreifen

Gute Nektar- und Pollenpflanzen kann man im Garten gezielt anpflanzen. Blumen inmitten von Gemüsebeeten locken viele Blattlausfeinde an. Steht genügend Platz zur Verfügung, können Blumen auch streifen- oder fleckenweise angesät werden. Dabei sollten die ausgesäten Arten optimal zu den jeweiligen Boden- und Standortbedingungen passen und nicht zu stark miteinander konkurrieren. Ideal ist eine Mischung aus Früh-, Mittel- und Spätblühern, die hinsichtlich Farbe und Blütenform vielfältig sind. Beschränkt man sich in erster Linie auf einjährige Pflanzen, wird sich sehr schnell eine große Blütenpracht entwickeln. Im nächsten Jahr kann dann an einer anderen Stelle ausgesät werden. Blühstreifen und Beete mit zwei- und mehrjährigen Pflanzen haben den Vorteil, dass sie Insekten Unterschlupf zum Überwintern bieten. Besonders empfehlenswert sind Doldenblütler und Korbblütler. Zu ihnen gehören auch viele Küchenkräuter und Gartenblumen wie Kamille, Ringelblume, Kerbel, Dill, Koriander, Borretsch, Senf, Phacelia und diverse Malven.

Laubhecken und Einzelbäume

Hecken und Bäume erfüllen im naturnahen Garten zahlreiche wichtige Funktionen. Einerseits bieten sie Nist-, Schlaf-, Versteck- und Überwinterungsplätze für Vögel und Insekten. Andererseits offerieren sie Nützlingen mit ihrem reichen Blütenangebot und ihren Früchten fast ganzjährig reichlich Nahrung. Steht nicht genügend Platz zur Verfügung, kann man auch mit Strauchhecken, in denen vereinzelt Bäume gepflanzt wurden, eine wesentliche Strukturbereicherung im Garten erzielen.

Hagebutten munden nicht nur den Menschen, sondern auch vielen Tieren.

Einheimische Gehölze, die Insekten und Vögeln Nahrung bieten

Art	Feuchte	Licht	Höhe	Blüte	Farbe	Bemerkungen
Faulbaum *(Rhamnus frangula)*	feucht	mittel	1-3	V-VIII	weiß	Bienenweide, Vogelfutter
Gemeiner Liguster *(Ligustrum vulgare)*	frisch	sonnig	1-3 m	VI-VII	weiß	Raupennahrung für Ligusterschwärmer, Frucht für Vögel
Gemeiner Schneeball *(Viburnum opulus)*	feucht	mittel	1-5 m	V-VI	weiß	Insekten besuchen Blüten, Vogel mögen die roten Beeren
Haselnuss *(Corylus avellana)*	frisch	mittel	1-5 m	II-IV	rotgelb	Nuss essbar, Nahrung für Käferlarven, Schmetterlingsraupen, Vögel, Nagetiere
Hundsrose *(Rosa canina)*	frisch	sonnig	1-5 m	V-VII	rosa-weiß	Frucht essbar, Nahrung für Insekten, Nager
Kornelkirsche *(Cornus mas)*	trocken bis frisch	mittel bis sonnig	1-5 m	II-IV	gelb	Frucht essbar, Bienenweide, Nahrung für Vögel, Siebenschläfer usw.
Kreuzdorn *(Rhamnus cathartica)*	trocken bis frisch	sonnig	3-5 m	V-VI	gelbgrün	Nahrungslieferant für Schmetterlinge (Zitronenfalter), Frucht für Drosseln
Pfaffenhütchen *(Euonymus europaea)*	frisch	mittel	1-5 m	V-VI	gelbgrün	Nahrung für Bienen, Käfer, Vögel, besonders für Rotkehlchen
Rote Heckenkirsche *(Lonicera xylosteum)*	frisch	mittel	1-3 m	V-VI	gelbweiß	wichtige Schmetterlingsnahrung, Beeren, bei Vögeln beliebt
Roter Hartriegel *(Cornus sanguinea)*	frisch	sonnig	1-5 m	V-VI	weiß	Nahrung für Schmetterlingsraupen, Vögel, kleine Fliegen
Roter Holunder *(Sambucus racemosa)*	frisch	mittel	1-3	IV-V	gelb	Blüten, Beeren und Blätter begehrt bei Insekten und Vögeln
Salweide *(Salix caprea)*	frisch	sonnig	1-5 m	III-IV	gelbgrün	erste Bienenweide, Insektennahrung
Sanddorn *(Hippophae rhamnoides)*	frisch	sonnig	1-3 m	IV-V	gelb	Vogelfutter
Schlehe *(Prunus spinosa)*	trocken	sonnig	1-3 m	IV-V	weiß	Nahrung für Vögel und Insekten
Schwarzer Holunder *(Sambucus nigra)*	frisch	sonnig	1-5 m	VI-VIII	weiß	begehrt bei Insekten; Beeren bei Vögeln beliebt
Vogelbeere *(Sorbus aucuparia)*	mittel	sonnig	10-15 m	V-VI	weiß	Früchte bei Vögel beliebt
Weißdorn *(Crataegus monogyna)*	trocken bis frisch	sonnig	1-5 m	V-VI	weiß	Nahrung für Insekten, Vögel, Nager
Wilde Brombeere *(Rubus fruticosus)*	frisch bis feucht	mittel bis sonnig	1-3 m	VI-VIII	rosa-weiß	Frucht essbar
Wolliger Schneeball *(Viburnum lantana)*	trocken	bis mittel sonnig	1-3 m	V-VI	weiß	Blätter beliebt bei Käfern, Fliegen und Hummeln, Beeren bei Vögeln

Wohnraum für Nützlinge

Falls trotz aller Bemühungen, den Garten durch eine abwechslungsreiche Bepflanzung vielfältig zu gestalten, nicht ausreichend Brut-, Nist- und Überwinterungsplätze für Nützlinge geschaffen wurden, kann man mit einfachen Maßnahmen nachhelfen. Mit nur wenigen Handgriffen lassen sich Kleinstbiotope und „Wohnungen" schaffen, die von Nützlingen gerne angenommen werden. Jede einzelne, auch noch so kleine Maßnahme wirkt sich dabei meist positiv auf mehrere verschiedene Tiergruppen aus.

Nisthilfen für Insekten

Wildbienen und andere nützliche Insekten nehmen als Brutraum gerne hohle Pflanzenstängel oder andere röhrenförmige Strukturen an. In einem intensiv gepflegten Garten, aus dem regelmäßig alle abgestorbenen oder vertrockneten Pflanzenstängel entfernt werden, sind solche Nistmöglichkeiten selten oder fehlen ganz. Viele Wildbienenarten sind daher schon im Rückgang begriffen und in manchen Regionen bereits vom Aussterben bedroht.

Künstliche Nisthilfen können fehlende ersetzen und die Lebensbedingungen für die Tiere verbessern. Spezielle Brutplätze für Hautflügler und Nützlingsunterkünfte können im Fachhandel bezogen werden. Es ist aber nicht weiter schwierig, Nisthölzer oder ganze „Nützlingshotels" selbst herzustellen. An einem vor Regen geschützten, sonnigen Platz aufgestellt, werden diese bald von den neuen Mietern bezogen. Geeignete Standorte finden sich auch an einer Mauer oder einem Zaun, unter einem Dachvorsprung oder zwischen aufgestapeltem Holz.

Wildbienenunterkünfte

Die waagerecht liegenden Gänge der Nisthilfen für Wildbienen müssen immer frei angeflogen werden können. An offenen Standorten ist es sinnvoll, die Unterkünfte mit einem etwas über-

Hohle Halme bieten ideale Bruträume für Wildbienen.

stehenden Dach zu versehen, das mit einer Folie abgedeckt wird. Die Nisthilfen sollten immer fixiert sein, damit sie nicht im Wind baumeln. Sind alle Voraussetzungen gegeben, werden sich bald die ersten Wildbienen einfinden. Da die Frühjahrsarten ab März aktiv sind, müssen die Nützlingsquartiere entsprechend rechtzeitig bereit stehen. Der Hauptaktivitätszeitraum der Bienen liegt zwischen April und Oktober, die Nisthilfen können aber den Winter über draußen bleiben, da Wildbienen und ihre Brut nicht frostempfindlich sind. Die Nützlingsunterkünfte brauchen auch nicht gereinigt zu werden, da die Bienen die Gänge selbst säubern, bevor sie Pollen und Nektar eintragen. Nisthilfen für Wildbienen können über Jahre hinweg immer wieder benutzt werden.

Niststeine

Nisthölzer haben den Nachteil, dass sie bei dauerhafter Nässe Schimmel ansetzten können und dann als Brutplätze für Wildbienen unbrauchbar werden. Eine praktische, längerlebige Alternative stellen daher Niststeine dar. Dazu werden mithilfe verschieden dicker Stäbchen Löcher in feuchten Ton gestochen, wobei zwischen den Löcher genügend Abstand bleiben sollte. Wichtig ist, dass der Tonblock ganz durchstoßen wird, damit die Gänge beim Herausziehen der Stäbchen nicht wieder zerstört werden. Bei der Wahl des Lochdurchmessers muss berücksichtigt werden, dass der Ton beim Trocknen und Brennen um ca. 10 % schrumpft. Sind alle Löcher gebohrt, wird die Rückwand verschmiert und so die Gänge geschlossen.

Um den Niststein aufhängen zu können, bohrt man zum Schluss zwei Extralöcher, durch die sich später ein Draht fädeln lässt.

Niströhren

Aus Kunststoffrohren und getrockneten, hohlen Pflanzenstängeln können auf einfache Weise Niströhren hergestellt werden. Pflanzenstängel mit unterschiedlichen Innendurchmessern, wie Bambusstäbe, Schilfstängel oder andere nicht mit Mark gefüllte Stängel, bieten das ideale

Nisthölzer

Trockenes Hartholz, z.B. Buchen- oder Eschenholz, ist das ideale Ausgangsmaterial zur Herstellung von Nisthilfen für Bienen. Nadelholz ist ungeeignet, da austretendes Harz die Flügel der Tiere verkleben könnte.

Die Herstellung ist denkbar einfach: In einen unbehandelten Holzklotz werden Löcher mit unterschiedlichem Durchmesser gebohrt, idealerweise in einem Bereich von 2-10 mm. So wird man den Ansprüchen unterschiedlich großer Arten gerecht. Wildbienen besiedeln bevorzugt Löcher mit einem Durchmesser von 4-6 mm. Die Bohrtiefe sollte mindestens 10 cm betragen.

Ohrwurmtopf

Ausgangsmaterial. Die Stängel werden auf eine Länge von ca. 8-10 cm zugeschnitten und in eine passende Kunststoffröhre gesteckt, bis diese vollständig gefüllt ist. Anschließend werden die Stängel an einer Seite verklebt, beispielsweise mit Gips oder flüssigem Wachs. Mit einem Draht kann die Röhre an einem geeigneten Platz aufgehängt werden. Die Niströhren werden idealerweise waagrecht hoch über dem Boden befestigt.

Ohrwurmbehausungen

Ohrwürmer gehen vor allem in der Dämmerung und nachts auf die Jagd und ziehen sich tagsüber in sichere Verstecke unter Laub und Steinen zurück. Geeignete Versteckmöglichkeiten sind Voraussetzung dafür, dass sich die Tiere im Garten wohl fühlen.

Neben Stein- und Reisighaufen nehmen Ohrwürmer auch gerne einen Unterschlupf in Tonblumentöpfen an. Mit solch einer transportablen Behausung können sie auch gezielt dort angesiedelt werden, wo sie zur Blattlausbekämpfung gebraucht werden.

Herstellung

Zuerst biegt man aus einem Draht einen Haken. Das gerade Ende wird nun von außen durch das Abflussloch des Tontopfes gesteckt und an einem Holzstückchen befestigt, das quer über dem Abzugsloch liegt. Anschließend wird der Topf mit Holzwolle, Stroh oder Heu gefüllt. Um zu verhindern, dass Vögel dieses Material zum Nestbau verwenden, sollte der Tontopf mit einem Gitter oder engmaschigem Netz verschlossen werden. Die Maschenweite muss natürlich so gewählt werden, dass Ohrwürmer noch hindurch kommen. Sollen Obstbäume die Einsatzorte für die Ohrwürmer sein, werden die neuen Wohnungen mit dem Haken nahe am Stamm, besser noch mit Astkontakt, befestigt. Ohne Haken und mit der Öffnung nach unten auf einen langen Stock gesteckt, kann die Ohrwurmbehausung auch im Gemüsebeet aufgestellt werden.

Einsatz im Garten

Ohrwürmer gehen ab etwa Mitte Mai auf Herbergssuche, die Unterkünfte sollten also ab diesem Zeitpunkt zur Verfügung stehen. Ist an den umgebenden Pflanzen nach einiger Zeit kein Blattlausbefall mehr festzustellen, können die Ohrwurmtöpfe samt ihren Bewohnern an einen anderen Einsatzort umgesiedelt werden, an dem wieder ausreichend Nahrung zur Verfügung steht.

Hängen die Ohrwurmunterkünfte an Obstbäumen, sollten sie im Spätsommer sicherheitshalber wieder entfernt werden, da sich Ohrwürmer zu dieser Zeit auch an den reifen Früchten vergreifen könnten.

Nisthilfen für Vögel

Naturnahe Gärten bieten Vögeln ausreichend Nahrung in Form von Früchten, Samen und Insekten. Damit sich Vögel aber auf Dauer im Garten ansiedeln, brauchen sie zusätzlich geeignete Unterkunfts- und Nistmöglichkeiten. Da alte Baumbestände immer seltener anzutreffen sind, stehen in der Folge auch immer weniger natürliche Baumhöhlen zur Verfügung. Nistkästen können das Brutplatzangebot im Garten beträchtlich erhöhen.

Kästen für Höhlenbrüter

Ein Nistkasten für Höhlenbrüter ist rundherum bis auf ein kleines Einflugloch geschlossen. Der Durchmesser der Einflugöffnung bestimmt, welche Arten den Nistkasten besiedeln können. Für kleinere Meisen reicht eine Öffnung von ca. 26 mm Durchmesser, für größere Vögel wie Kohlmeisen, Blaumeisen oder Kleiber sollten die Öffnungen nicht kleiner als 32 mm sein. Um die Nistkästen vor Spechten zu schützen, sollte rund um die Einflugöffnung ein Blechschutz angebracht werden.

Nisthilfe für Höhlenbrüter

Winterfütterung

Vögel dürfen nur an sehr kalten, schneereichen Wintertagen gefüttert werden und wenn sie über mehrere Tage hinweg ihre natürlichen Futterquellen nicht erreichen können. Werden sie bei mildem Wetter gefüttert, hören sie mit der Zeit auf, sich selbst mit natürlich vorkommenden Beeren und Samen zu versorgen.
Der Futterplatz muss in jedem Fall unerreichbar für Katzen sein und sollte regelmäßig gründlich gereinigt werden.

Kästen für Nischenbrüter

Nischenbrüter brauchen Nistkästen mit größeren Öffnungen, Einfluglöcher reichen hier nicht aus. Optimal ist, wenn die halbe Vorderwand offen ist, sodass eine Halbhöhle entsteht. Um die Futterkonkurrenz unter den Vögeln gering zu halten, sollten nicht mehr als zwei Nistkästen oder Halbhöhlen pro 100 Quadratmeter Fläche angebracht werden, idealerweise in einer Höhe zwischen 1,5-3 m an Bäumen oder Hauswänden. Dabei sollte die Einflugöffnung nach Süden bzw. Südosten ausgerichtet sein. Der Standort darf nicht der prallen Sonne ausgesetzt sein

Altholz

Künstliche Nisthöhlen bieten lediglich einen Ersatz für natürliche Bruthöhlen in Totholz, das in Gärten normalerweise nicht vorhanden ist. In ursprünglichen Lebensräumen fällt totes Holz jedoch in gleicher Menge an, wie lebendes Holz nachwächst. Und hier erfüllt es noch eine weitere wichtige Funktion, da etliche spezialisierte Vogelarten im Totholz ihre Nahrung finden. Auch Spechte profitieren nicht von künstlichen

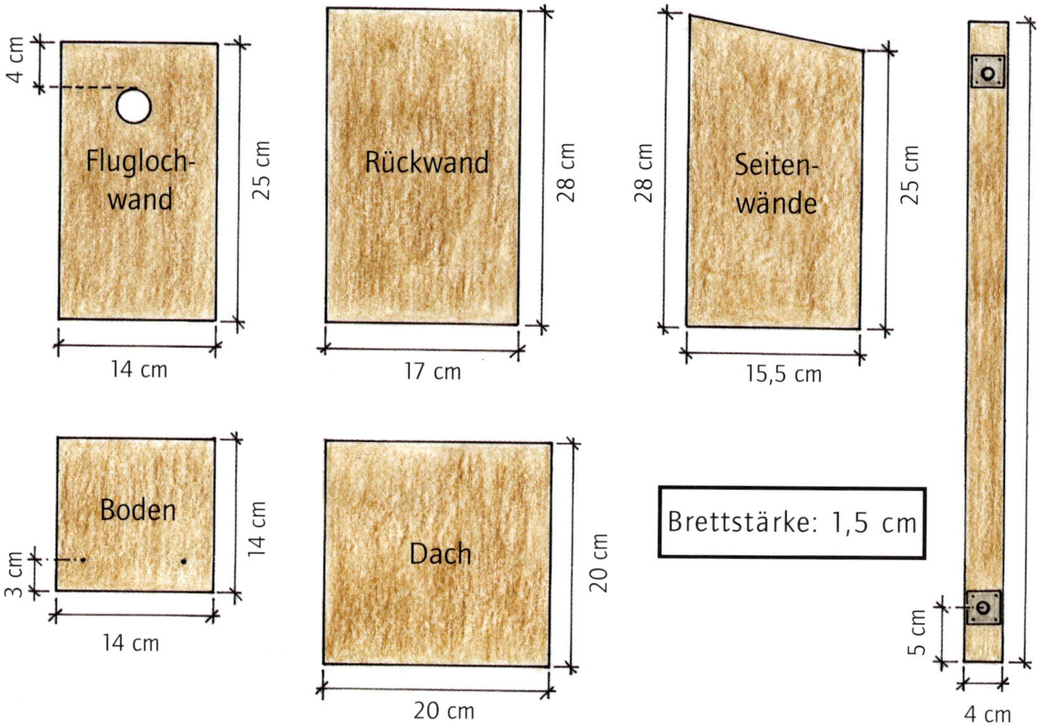

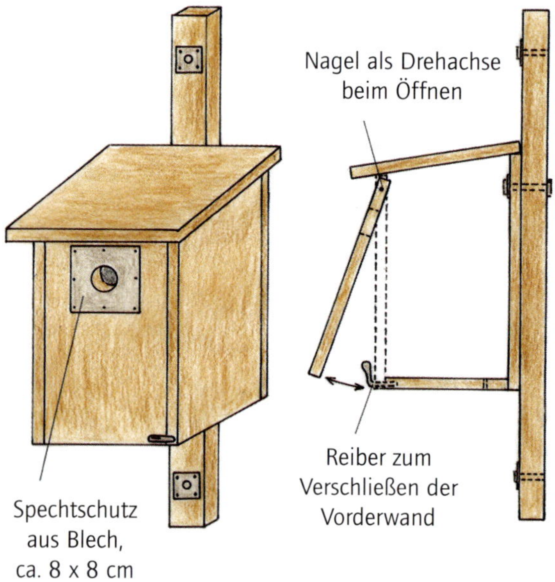

Nistkasten im Eigenbau

Nistkästen gibt es im Fachhandel fertig zu kaufen, sind jedoch recht teuer. Eine Anregung, wie man selbst einen Nistkasten für Höhlenbrüter herstellen kann, soll diese Bauanleitung geben. Als Baumaterial eigenen sich Bretter aus Kiefern-, Tannen- und Fichtenholz. Wichtig ist, dass es mehrere kleine Ablauflöcher im Boden gibt und dass der Kasten sich problemlos öffnen lässt. Da Vögel ihre Nester nur einmal benützen, müssen die Nistkästen im Herbst unbedingt entleert und gereinigt werden, damit im Frühjahr wieder ein neues Brutpaar einzieht und von den vorjährigen Parasiten verschont bleibt. Die aufklappbare Vorderwand erlaubt eine einfache Säuberung im Herbst. Die Maße der Nistkastenwände sind variierbar.

Holzstapel können vielen nützlichen Tierarten Unterkunft und Überwinterungsquartier bieten.

Bruthöhlen. Sie brauchen Bäume mit einem bestimmten Durchmesser, die ihnen Nahrung und Unterkunft bieten.

Hohle Baumstümpfe bieten auch Unterschlupf für Kröten und Fröschen. Überhaupt sind sie ein idealer Lebensräume für Tiere. Beispielsweise überwintern Marienkäfer gerne in alten, vermoosten Baumstümpfen und an Stämmen unter loser Rinde.

Reisig- und Holzhaufen

Beim jährlichen Strauch- und Baumschnitt fallen im Garten eine ganze Menge Äste und Zweige an. Errichtet man aus ihnen kleine Haufen anstatt sie zu entsorgen, steigert man die Lebensvielfalt im Garten auf einfache Weise. Unter dem Holz finden viele Tiere während der heißen Tageszeiten Unterschlupf. Holzhaufen sind auch beliebte Überwinterungsquartiere für zahlreiche Gartenbewohner.

Marienkäfer

Da sich Marienkäfer gerne unter Borken aufhalten, hilft man ihnen am besten, indem man im Garten einen Winkel verwildern lässt und entweder abgestorbenes Holz von dort nicht entfernt oder sogar hinbringt. Ein dicht gepackter Reisighaufen mit einem Kern aus alter Baumrinde wird von Marienkäfern besonders gerne als Überwinterungsquartier genutzt. Der Haufen sollte einen Mindestdurchmesser von 50 cm haben.

Igel

Es gibt verschiedene Möglichkeiten, Igel im Garten anzusiedeln. Am einfachsten geht es, indem man an einem geschützten Platz einen hohen Reisighaufen mit trockenem Laub aufschichtet. Igel nehmen solche Reisighaufen gerne für den Bau ihrer Schlafnester und Wochenstuben an. Spannt man eine Kunststofffolie darüber, erhält die Igelunterkunft einen zusätzlichen Schutz vor Regen und Schnee. Da sich

Lebensraum Natursteinmauer.

Ein Gartenteich sollte im naturnahen Garten nicht fehlen.

Igel mit Vorliebe während des Winters in den kleinen Nischen unter Brennholzstapeln aufhalten, sollten diese zu dieser Zeit niemals gänzlich abgebaut werden.

Erdkröten

Unter größeren Kompost- und Reisighaufen finden auch Erdkröten ein geeignetes Winterquartier.

Vögel

Freibrütende Vögel werden am besten durch gewachsene Strukturelemente im Garten, wie Hecken oder Stauchgruppen gefördert. Manche Freibrüter wie Rotkehlchen oder Heckenbraunelle nehmen aber auch gerne einen Reisighaufen als Brutplatz an, wenn er in einer ruhigen Gartenecke dicht und hoch aufgeschichtet wird. Zusätzlichen Schutz erhält der Brutplatz durch Brombeerranken, die rund um den Holzhaufen wachsen.

Steinhaufen

Steine sind ausgezeichnete Wärmespeicher. Das macht Steinhaufen zu einem idealen Lebensraume für wärmeliebende Tiere wie Eidechsen und Blindschleichen. Die zahlreichen Spalten und Hohlräume zwischen den Steinen bieten auch Versteckmöglichkeiten für Kröten, Spitzmäuse, Igel, Laufkäfer und anderes Getier. Optimales Baumaterial sind natürlich vorkommende Steine aus der näheren Umgebung.

Damit möglichst viele Hohlräume entstehen, sollten möglichst grobe Steine verwendet werden. Um die Strukturvielfalt zu erhöhen, können zusätzlich dicke Äste zwischen die Steine gesteckt werden. Ein solcher Steinhaufen sollte eine Grundfläche von mindestens einem Quadratmeter haben. An einem sonnigen Ort kann er teilweise sogar die Funktion von Natursteinmauern übernehmen.

Natursteinmauern

Natursteinmauern sind ebenfalls optimale Wärmespeicher. Ihre zahlreichen Hohlräume bieten Lebensraum für etliche Tier- und Pflanzenarten. Steinmauern aus Naturstein werden nicht vermörtelt, sondern unverfugt aufgeschichtet. Einzelne, mit Erde gefüllte Hohlräume, bieten Pflanzen eine Starthilfe bei der Ansiedlung. Solche unverfugten Steinmauern oder Steinwälle sind wertvolle Biotope für Eidechsen, bieten Lebensraum für Spinnen, Würmer, Laufkäfer sowie Kurzflügelkäfer und bieten zudem noch günstige Überwinterungsquartiere für Marienkäfer.

Gartenteich

Amphibien sind wie schon erwähnt in Bezug auf die Fortpflanzung und Entwicklung der Larven auf Gewässer angewiesen. Ein Gartenteich ist daher unverzichtbar, wenn sich Amphibien im Garten einfinden und auf Dauer heimisch werden sollen. Im Laufe der Zeit wird er nicht nur Frösche und Kröten anlocken, sondern auch viele Vögel und interessante Insekten wie Libellen, Wasserkäfer, Wasserläufer und zahlreiche andere. Einzig auf Fische wird man im Gartenteich verzichten müssen, da diese nicht nur den abgelegten Laich sofort auffressen würden, sondern auch nicht vor den geschlüpften Kaulquappen halt machen.

Einen Gartenteich anlegen

Folgende Punkte sollten bei der Anlage eines Gartenteichs immer beachtet werden:

- **Größe:** Je größer der Teich ist, desto stabiler ist das biologische Gleichgewicht. Ist die Lebensgemeinschaft von Wasserpflanzen und Tieren intakt, benötigt er nur wenig Pflege. Damit sich ein stabiles Gleichgewicht von alleine einstellen kann, sind eine Tiefe von 80-100 cm und ein Wassergehalt von mindestens 10 m^3 empfehlenswert.
- **Tiefe:** Damit im Teich überwinternde Tiere nicht einfrieren, muss der tiefste Bereich mindestens 80 cm tief sein.
- **Standort:** Für ein reges Tierleben am Teich ist eine ruhige, sonnige bis halbschattige Lage des Teiches notwendig. Die Sonne sollte die Wasseroberfläche täglich mehrere Stunden lang erreichen können, möglichst aber nicht während der Mittagszeit. Ungünstig ist ein Standort unter Bäumen, da im Herbst Blätter ins Wasser fallen und überflüssige Nährstoffe in den Teich gelangen.
- **Uferzone:** Die Uferzonen sollten immer flach gestaltet sein. Gartenteiche ohne Verlandungszonen müssen unbedingt mit Ausstiegshilfen versehen werden, damit sich hineingefallene Tiere im Notfall aus dem Wasser retten können. In Bereichen mit geringer Wassertiefe erwärmt sich das Wasser schneller als im Tiefwasserbereich, was sie zu begehrten Laichplätzen macht.

Hilfe von außen

Obwohl sich in einem naturnahen Garten viele Nützlinge von alleine ansiedeln, kann es trotz aller Bemühungen dazu kommen, dass das natürliche Gleichgewicht zwischen Schädlingen und Nützlingen aus den Fugen gerät und zum Beispiel ein Rosenstrauch unter Blattläusen erstickt. Viel häufiger werden jedoch Pflanzen in geschlossenen Räumen, wie Wintergärten oder Glashäusern, von Schädlingen heimgesucht. Hier herrschen für Pflanzen oft nur suboptimale Bedingungen und natürliche Gegenspieler haben kaum Zutritt.

Auch Topf- und Kübelpflanzen auf Terrassen und Balkonen sind anfällig für Schädlingsbefall, da sie isoliert vom Erdboden in einem Gefäß heranwachsen. In solchen Fällen ist es oft zwecklos, darauf zu warten, dass sich natürliche Gegenspieler von selbst einfinden. Hier sind gezüchtete Nützlinge aus spezialisierten Zuchtbetrieben eine sinnvolle ökologische Alternative zu chemisch-synthetischen Pflanzenschutzmitteln. Kennt man den tierischen Verursacher des Pflanzenschadens, kann man über den Fachhandel passende Gegenspieler beziehen.

Transportmaterial für Florfliegenlarven: Buchweizensamen und mit Vlies verschlossene Wellpappe.

Im Handel angebotene Nützlinge

Schädlinge	Nützlinge
Blattläuse	**Florfliegen** *(Chrysoperla carnea)* **Gallmücken** *(Aphidoletes aphidimyza)* **Marienkäfer** *(Coccinella septempunctata)* **Schlupfwespen** *(Aphidius colemani)* **Schlupfwespen** *(Aphidius ervi)* **Schwebfliegen** *(Episyrphus balteatus)*
Dickmaulrüsslerlarven	**Nematoden** *(Heterorhabditis megidis)*
Minierfliegen	**Schlupfwespe** *(Dacnusa sibirica)* **Schlupfwespe** *(Diglyphus isaea)*
Spinnmilben	**Florfliegen** *(Chrysoperla carnea)* **Gallmücken** *(Feltiella acarisuga)* **Raubmilben** *(Amblyseius californicus)* **Raubmilben** *(Phytoseiulus persimilis)*
Thripse (Fransenflügler)	**Florfliegen** *(Chrysoperla carnea)* **Raubmilben** *(Amblyseius cucumeris)* **und** *(Amblyseius californicus)* **Raubwanzen** *(Orius majusculus)*
Trauermückenlarven	**Nematoden** *(Steinernema feltiae)* **Raubmilben** *(Hypoaspis miles)*
Weiße Fliegen	**Erzwespen** *(Encarsia formosa)* **Raubwanzen** *(Macrolophus caliginosus)* **Schupfwespen** *(Eretmocerus eremicus)*
Woll- und Schmierläuse	**Australischer Marienkäfer** *(Cryptolaemus montrouzieri)* **Florfliegen** *(Chrysoperla carnea)* **Schlupfwespen** *(Leptomastix dactylopii)*

Nützlingsversand

Nützlinge in den unterschiedlichsten Entwicklungsstadien können, in passenden Behältern wie kleinen Plastikdosen und Kartons verpackt, innerhalb weniger Tage auf dem Postweg geliefert werden. Vor jedem Einsatz sollte man sich aber genau informieren, unter welchen Voraussetzungen und wann die Tiere ausgebracht werden sollten, um den bestmöglichen Erfolg zu erzielen.

Nützlinge aus Nützlingszuchten eigenen sich besonders für den Einsatz im Zimmer, im Wintergarten oder im Gewächshaus, einige Arten können aber auch im Freiland eingesetzt werden. Zu diesen zählen beispielsweise Nematoden (Bodenälchen) und Florfliegen. Man muss sich aber klar darüber sein, dass durch den Zukauf von Nützlingen nur akute Symptome der meist geschwächten Pflanzen behandelt werden, die Ursachen für den Schädlingsbefall sind damit noch nicht behoben.

Pflanzenpartnerschaften im Gemüsegarten

Gemüseart	Günstige Nachbarn	Ungünstige Nachbarn
Brokkoli/Karfiol	Buschbohnen, Phacelia, Sellerie, Tomaten	Zwiebeln, Kohlarten, Kartoffeln
Buschbohnen	Baldrian, Bohnenkraut, Borretsch, Dill, Erbsen, Erdbeeren, Gurken, Kartoffeln, Kohlarten, Mangold, Radieschen, Rettich, Rhabarber, Rote Rübe, Sellerie, Tomaten	Fenchel, Lauch Stangenbohnen, Zwiebel,
Chinakohl	Bohnen, Erbsen, Kohlrabi, Spinat	Radieschen, Rettich
Erbsen	Kohlarten, Karotten, Radieschen, Rettich, Rhabarber, Salat, Spinat	Bohnen, Erbsen, Frühkartoffeln, Lauch, Tomaten, Zwiebeln
Gurken	Basilikum, Dill, Fenchel, Kopfsalat, Sellerie, Spinat, Stangenbohnen, Zwiebeln	Radieschen, Rettich
Karotten	Erbsen, Dill, Knoblauch, Kohl, Kresse, Lauch (Porree), Radieschen, Rettich, Salat, Schnittlauch, Studentenblume, Tomaten, Zwiebeln	Pfefferminze, Karotten
Kartoffeln	Ackerbohnen, Borretsch, Buschbohnen, Frühkohl, Kren, Pfefferminze, Spinat	Erbsen, Rote Rübe, Salat, Sellerie, Tomaten
Knoblauch	Erdbeeren, Gurken, Lauch (Porree), Karotten, Rosen, Tomaten, Zwiebeln	Bohnen, Kohlarten
Kohlarten (Kraut)	Borretsch, Buschbohnen, Erbsen, Karotten, Phacelia, Rhabarber, Ringelblume, Salat, Salbei, Sellerie, Spinat, Studentenblume, Tomaten	Kohlarten, Zwiebeln, Knoblauch
Kohlrabi	Bohnen, Erdbeeren, Erbsen, Lauch (Porree), Rote Rübe, Salat, Spinat, Tomaten	Fenchel
Kopfsalat	Bohnen, Borretsch, Dill, Erbsen, Gurken, Kohlrabi, Kohl, Radieschen, Rettich, Spinat, Tomaten	Gartenkresse, Petersilie, Sellerie
Lauch (Porree)	Erdbeeren, Knoblauch, Möhren, Sellerie	Bohnen, Erbsen
Paprika	Brennnesseln, Kohlarten, Petersilie, Ringelblume, Senf	Tomaten, Kartoffeln
Radieschen	Bohnen, Erdbeeren, Karotten, Kresse, Salat, Tomaten	Gurken, Zucchini
Sellerie	Karfiol, Kohlarten, Bohnen, Lauch (Porree), Spinat, Tomaten	Kartoffeln
Spinat	Bohnen, Erbsen, Erdbeeren, Kohl, Radieschen, Rettich, Salat, Tomaten, Beerensträucher	Mangold, Rote Rübe
Stangenbohnen	Bohnenkraut, Gurken, Ringelblumen, Rote Rübe, Salat, Sellerie, Spinat, Studentenblume	Buschbohnen, Erbsen, Lauch (Porree), Zwiebeln
Tomaten	Bohnen, Kohlarten, Karotten, Lauch (Porree), Petersilie, Ringelblume, Salat, Sellerie, Senf, Spinat, Studentenblume, Zwiebeln	Erbsen, Kartoffeln, Rote Rübe
Zucchini	Basilikum, Bohnen, Kamille, Zwiebeln	Gurken
Zwiebeln	Dill, Gurken, Knoblauch, Majoran, Karotten, Rosen, Salat, Tomaten	Bohnen, Erbsen, Kohl, Lauch (Porree)

Anhang

Bezugsquellen für Nützlinge

Österreich

biohelp GmbH – biologischer
Pflanzenschutz – Nützlingszucht
Kapleigasse 16
A-1110 Wien

Tel.: 0043 1 7699769-0
Fax: 0043 1 769976916
E-mail: office@biohelp.at
www.biohelp.at

Deutschland

Katz Biotech AG
Industriestrasse 38
73642 Welzheim

Tel.: 0049 7182 93537-3
Fax: 0049 7182 93537-1
E-mail: info@katzbiotech.de
www.katzbiotechservices.de/index.htm

W. Neudorff GmbH KG
An der Mühle 3
D-31857 Emmerthal

Tel.: 0049 5155-6240
Fax: 0049 05155-6010
E-mail: info@neudorff.de
www.neudorff.de

Sautter und Stepper GmbH
Rosenstraße 19
D-72119 Ammerbuch

Tel.: 0049 7032 957830
Fax: 0049 7032 957850
E-mail: info@nuetzlinge.de
www.nuetzlinge.de

Hatto & Patrick Welte
Maurershorn 18a
D-78479 Insel Reichenau

Tel.: 0049 7534 7190
Fax: 0049 7534 1458
E-mail: info@welte-nuetzlinge.de
www.welte-nuetzlinge.de

Schweiz

Andermatt Biocontrol AG
Strahlermatten 6
CH-6146 Grossdietwil

Tel.:0041 62 9175005
Fax: 0041 62 9175006
E-mail: sales@biocontrol.ch
www.biocontrol.ch

Nistkästen, Überwinterungs- und Schlafkästen

Österreich

Vivara Naturschutzprodukte
Postfach 4
6961 Wolfurt Bahnhof

Tel.: 0043 810-300 480
Fax: 0043 810-300 481
E-mail: info@vivara.at
www.vivara.at

Deutschland

Schwegler Vogel- und Naturschutzprodukte
Heinkelstraße 35
D-73614 Schorndorf

Tel.: 0049 7181 97745-0
Fax: 0049 7181 97745-49
E-mail: info@schwegler-natur.de
www.schwegler-natur.de

Naturschutzbedarf STROBEL
Fachhandel und -beratung Fa. Pröhl
Nitzschkaer Str. 29
D-04626 Schmölln OT Kummer

Tel.: 0049 34491 81877
Fax: 0049 34491 55618
E-mail: info@naturschutzbedarf-strobel.de
www.naturschutzbedarf-strobel.de

EMBA-Vogelschutzbau
E. Bernlöhr
Schillerstraße 17
D-74653 Künzelsau

Tel.: 0049 79402380
Fax: 0049 7940 57276
E-Mail: info@emba-vogelschutzbau.de
www.sedat.de/biz/emba/

Weiterführende Literatur

Blab J., Vogel H.: Amphibien und Reptilien erkennen und schützen. BLV, 1996.

Blümel S., Fischer-Colbrie P., Höbaus E.: Grundwissen Nützlinge. Helfer im zeitgemäßen Pflanzenschutz. Bildungsverlag Eins, 1. Aufl., 2004.

Bruns A., Bruns S.: Werkbuch Biogarten. Anleitungen zum handwerklichen Arbeiten in Bildern. Ökobuch, 2004.

Fortmann M.: Das große Kosmosbuch der Nützlinge. Franckh-Kosmos, 2. Aufl. 2000.

Kreuter M.-L.: Pflanzenschutz im Bio-Garten, BLV, 1990.

Lohmann M.: Das praktische Igel-Buch. BLV, 2003.

Lohmann M.: Vogelparadies Garten. Das Praxisbuch für die ganze Familie. BLV, 1999.

Müller A., Krebs A., Amiet F.: Bienen. Mitteleuropäische Gattungen, Lebensweise, Beobachtung. Naturbuch-Verlag, 1997.

Polaschek I.: Nützliche Tier im Garten. Falken Verlag, 1994.

Schimmelpfennig U., Schimmelpfennig J.: Das große Buch vom Naturgarten. Ihr Paradies für Tiere und Pflanzen. Walter Rau Verlag, 1995.

Suter H., Keller S.: Blattläuse und Blattlausfeinde. Bubenberg, 1990.

Wachmann E., Platen R., Barndt D.: Laufkäfer. Beobachtung, Lebensweise. Naturbuch-Verlag, 1995.

Wachmann E., Saure C.: Netzflügler, Schlamm- und Kamelhalsfliegen. Naturbuch-Verlag, 1997.

Register

Impressum

Die Deutsche Bibliothek – CIP-Einheitsaufnahme
Die Deutsche Bibliothek verzeichnet diese Publikation in der Deutschen Nationalbibliografie;
detaillierte bibliografische Daten sind im Internet über
http://dnb.ddb.de abrufbar.

Projektleitung (Lektorat und Herstellung):
Redaktionsbüro Wolfgang Funke, Augsburg
Umschlag: Ravenstein + Partner, Verden
Satz: Atelier Lehmacher, Friedberg/Bayern
Illustrationen: Monika Biermaier, Untertullnerbach
Bildreproduktion: Hantsch & Jesch PrePress Services, Leopoldsdorf bei Wien
Druck und Bindung: Westermann Druck, Zwickau
Printed in Germany

ISBN: 978-3-7040-2206-6

Bildquellen

Umschlag: Alice Thinschmidt & Daniel Böswirth

Inhalt: Brigitte Baldrian: Seite 49, 50, 52, 68, 69, 71, 72 links; Frank von Berger: Seite 15, 61; Werner Gamerith: Seite 10/11; Frank Hecker: Seite 5/6, 6 beide, 8 beide, 9, 18, 19, 20, 21 unten, 23, 25 links, 28, 29 beide, 30, 31 beide, 33, 34, 35, 36 oben, 37, 39, 40 beide, 41, 43, 44, 45 unten, 46 oben, 47, 48, 51, 53, 54, 55, 56, 58/59, 60 unten, 63, 66 unten, 72 rechts, 74 oben; Peter Meindl: Seite 46 unten

Alle Anderen: Manuela Kienegger